LESSING

Möchten Sie diese Interpretationshilfe lieber am PC oder auf Ihrem Smartphone nutzen? Über folgenden Zugangscode können Sie die digitale Version dieses Bandes freischalten.

WWW.LEKTUEREN-VERSTEHEN.DE

Ihr persönlicher E-Book-Code:

4149-1-7UV5SXLT

Alle weiteren Infos finden Sie unter:
www.bange-verlag.de/E-Book

KÖNIGS ERLÄUTERUNGEN

BAND 3149

Textanalyse und Interpretation zu

Sarah Jäger

NACH VORN, NACH SÜDEN

Sabine Hasenbach

Alle erforderlichen Infos zur Analyse und Interpretation
plus Musteraufgaben mit Lösungsansätzen

Zitierte Ausgabe:
Jäger, Sarah: *Nach vorn, nach Süden*. Hamburg: Rowohlt Taschenbuch Verlag, 2021.

Über die Autorin dieser Erläuterung:
Sabine Hasenbach hat Mineralogie (mit den Nebenfächern Mathematik, Physik und Chemie) an den Universitäten Köln und Bonn sowie Literaturwissenschaft (mit den Nebenfächern Psychologie und Soziologie) an der FernUniversität in Hagen studiert, wo sie mit einer Arbeit über Katherine Mansfield graduiert worden ist. Sie wohnt in Düsseldorf und arbeitet an der dortigen Heinrich-Heine-Universität. In ihrer Freizeit läuft sie Langstrecke.

MIX
Papier | Fördert
gute Waldnutzung
FSC
www.fsc.org
FSC® C104521

1. Auflage 2023
ISBN: 978-3-8044-3149-2
PDF: 978-3-8044-5149-0, EPUB: 978-3-8044-4149-1
© 2023 by C. Bange Verlag, 96142 Hollfeld
Alle Rechte vorbehalten!
Titelbild: Penny-Filiale in Berlin © picture alliance / Keystone I Jochen Zick
Druck und Weiterverarbeitung: Plump Druck & Medien GmbH, Rheinbreitbach

1 DAS WICHTIGSTE AUF EINEN BLICK – SCHNELLÜBERSICHT

Damit sich jede Leserin und jeder Leser in unserem Band rasch zurechtfindet und das für sie Interessante gleich entdeckt, hier eine Übersicht.

Im 2. Kapitel beschreiben wir das **Leben von Sarah Jäger** und stellen den **zeitgeschichtlichen Hintergrund** dar:

S. 8
- Sarah Jäger wird 1979 im westfälischen Paderborn geboren.
S. 10
- Zeitgeschichtlicher Hintergrund ihrer ersten literarischen Veröffentlichung ist die BRD in den 2010er-Jahren.
S. 13
- *Nach vorn, nach Süden* ist 2020 erschienen und der Jugendliteratur zuzuordnen.

Im 3. Kapitel bieten wir eine **Textanalyse und -interpretation**.

Nach vorn, nach Süden – Entstehung und Quellen:

S. 19
- Mit *Nach vorn, nach Süden* schrieb Sarah Jäger gegen eine persönliche Krise an.
- Publikation des Romans 2020 im Rowohlt Verlag, Hamburg.

Inhalt:

S. 22
Die unsichere und mit ihrem Leben unzufriedene 19-jährige Lena hat aus Wut darüber, dass Jo ihr den Spitznamen „Entenarsch" gab, dessen Beziehung zu Marie zerstört, der daraufhin spurlos verschwindet. Als Jos Freunde, die alle als Aushilfen im Penny-Markt arbeiten, ihn suchen wollen, bietet sich Lena als Fahrerin an. Auf den Roadtrips durch die deutsche Provinz und durch den Austausch mit der Gruppe, gewinnt Lena an Klarheit und Selbstbewusstsein. Als die Suche zu scheitern droht, beschließt Lena, allein nach Jo zu suchen.

Aufbau, Chronologie und Schauplätze:

Erzählt wird achronologisch. Schauplätze sind ein Penny-Markt-Hinterhof (vermutlich im Ruhrgebiet), Oer-Erkenschwick, Münster, Paderborn, Fulda und Umgebung, Ulm sowie eine unbenannte Region an der Nordsee.

Hauptfiguren:

Lena
- 19-jährige Studentin, jobbt im Penny-Markt
- Außenseiterin in der Penny-Hinterhof-Clique

Can
- Maries guter Freund
- verliebt sich in Lena

Marie
- Jo Weuners Ex-Freundin
- vermisst Jo und macht sich auf die Suche nach ihm

Wir stellen die Hauptfiguren ausführlich vor. Auch auf die anderen **Penny-Hinterhof-Mitglieder** und weitere **Nebenfiguren**, die für das Verstehen des Romans von Bedeutung sind, wird eingegangen.

Stil und Sprache:

Sarah Jäger arbeitet mit
- einer individuell geprägten Figurensprache
- einer Ich-Erzählerin mit Ich-Erzählsituation
- Motivwiederholungen mit verknüpfender Funktion

Auf folgende Interpretationsansätze gehen wir näher ein:

- *Nach vorn, nach Süden* als Entwicklungsroman
- *Nach vorn, nach Süden* als Porträt einer sozialen Schicht

SARAH JÄGER: LEBEN UND WERK

2.1 Biografie

Sarah Jäger
(*1979)
© Foto:
Anna-Lisa Konrad

Jahr	Ort	Ereignis	Alter
1979	Paderborn/ Westfalen	Sarah Jäger wird geboren.	
2004– 2005		Nach Abitur und Jobs in Call Centern lässt sich Jäger zur Theaterpädagogin ausbilden.	25–26
2005– 2015	Essen	Jäger arbeitet freiberuflich als Theaterpädagogin, so 2010 als Dramaturgin beim TWINS-Projekt „Schluchten voller Schnee" im Rahmen der RUHR.2010. Für das Theaterstück *Das Herz von Essen* der Studio-Bühne Essen 2010 schreibt Jäger das Buch und führt auch Regie. 2013 ist sie an der Theaterproduktion *Anne Frank Tagebuch* beteiligt, das die „amarena-Innovationsförderung" erhält.	26–36
2016	Essen	Jäger arbeitet als Buchhändlerin bei „proust wörter + töne". Sie beginnt Jugendliteratur zu schreiben: Ihr erster Roman *Nordseite* findet keinen Verleger.	37
2020	Hamburg	**Publikation ihres Romans *Nach vorn, nach Süden*.** Die Deutsche Akademie für Kinder- und Jugendliteratur zeichnet ihn als „Buch des Monats November" aus. Die Wochenzeitung *Die Zeit* und Radio Bremen prämieren ihn mit dem „Luchs des Monats"[1]. Die Stadt Oldenburg nominiert ihn für den „Oldenburger Kinder- und Jugendbuchpreis".	41
2021	Darmstadt	Jäger erhält das „Kranichsteiner Kinder- und Jugendliteratur-Stipendium".	42

---

1   Undotierter Preis für Kinder- und Jugendliteratur.

Jahr	Ort	Ereignis	Alter
2021	Hamburg	Publikation des Romans *Die Nacht so groß wie wir*. Er wird für den Deutschen Jugendliteraturpreis 2022 und für den „Paul-Maar-Preis für junge Talente" 2022 vorgeschlagen.	42
2022	Hamburg	Der Roman *Schnabeltier Deluxe* erscheint und wird mit dem „Hans-im-Glück"-Preis der Stadt Limburg ausgezeichnet. *Nach vorn, nach Süden* wird Prüfungslektüre in Baden-Württemberg.	43
2023		***Nach vorn, nach Süden* erscheint als Hörbuch.** Sarah Jäger lebt im Ruhrgebiet.	44

2.2 Zeitgeschichtlicher Hintergrund

Zusammenfassung

Der zeitgeschichtliche Hintergrund des Romans *Nach vorn, nach Süden* ist die BRD in den 2010er-Jahren mit ihrer klassenspezifischen Bildungspolitik.

Die BRD in den 2010er-Jahren

Der zeitgeschichtliche Hintergrund von *Nach vorn, nach Süden* ist nicht genau zu benennen, er lässt sich jedoch anhand von Angaben im Text eingrenzen.

Zwischen 2011 und 2019

Die Romanfigur Matthes schenkt Can diverse Lady-Gaga-T-Shirts, darunter eines mit dem Aufdruck „Born this way" (S. 62). *Born This Way* ist ein Album der Pop-Sängerin, das im Jahr 2011 auf den Musikmarkt kam. Man kann also davon ausgehen, dass sich das Erzählte im Zeitraum zwischen der **Veröffentlichung dieses Albums und dem Jahr 2019** vollzieht. 2019 deshalb, weil die SARS-CoV-2-Pandemie, die Deutschland im Jahr 2020 erreicht hatte, und die damit einhergehenden Einschränkungen im Text nicht erwähnt werden. Ab 2020 konnten aufgrund der Pandemie auch diverse Freizeitmöglichkeiten wie Musikfestivals nicht stattfinden.

Bildungspolitik

Initiative „Bildung. Weiter denken!"

Dieser genannte Zeitraum fällt in die **Regierungszeit Angela Merkels**, die von 2005 bis 2021 deutsche Bundeskanzlerin war. 2008 proklamierte Merkel auf dem Dresdner Bildungsgipfel zusammen mit den Bildungsministern der Länder die „Bildungsrepublik Deutschland"[2]: Jeder Mensch sollte unabhängig von seiner Herkunft in Deutschland die gleichen Bildungschancen haben. Hintergrund dafür war die Feststellung einer im Jahr 2000 erhobenen PISA-Studie[3], dass, im Gegensatz zu anderen

---

2   https://www.gew.de/aktuelles/detailseite/ein-verlorenes-jahrzehnt
3   Das „Programme for International Student Assessment" (PISA) erfasst weltweit Schülerleistungen und vergleicht diese international.

Matthes schenkt Can T-Shirts von Lady Gaga, unter anderem eines von ihrer „Born This Way"-Tour, die die US-Sängerin im Bild 2011 promotet.
© picture alliance / REUTERS | NICKY LOH

Industriestaaten, in der BRD eine erfolgreiche Schullaufbahn von Kindern stark von der sozialen Lage bzw. Herkunft der jeweiligen Familien abhängt. Trotz der Absichtserklärung hat sich in Sachen Bildung bisher wenig geändert, folgt man einem Papier der Gewerkschaft Erziehung und Wissenschaft (GEW) von 2020:

„Zwar haben mehr Jugendliche höhere Schulabschlüsse, mehr Menschen nehmen ein Studium auf oder bilden sich weiter. Auf der anderen Seite bleibt aber ein fester Sockel der Bildungsarmut. Kinder, die aus schwierigen sozialen Verhältnissen oder

2.2   Zeitgeschichtlicher Hintergrund

Einwandererfamilien stammen, haben noch immer schlechtere Bildungschancen.“[4]

Statistiken zu Bildung in Deutschland

In Sarah Jägers Roman *Nach vorn, nach Süden* treffen Jugendliche aus verschiedenen sozialen Schichten als Aushilfen im Penny-Hinterhof aufeinander. Can erzählt beispielsweise von dem Wunsch seiner Eltern, dass ein Sohn das Gymnasium und damit einen höheren Bildungsabschluss erreichen soll:

„,Mein Bruder ist immer ein Fisch gewesen, so ein ganz Schweigsamer halt‘, erzählt Can, ‚und klug. Unnormal klug ist er gewesen. Uneingeschränkte Empfehlung fürs Gymnasium, ein paar Wochen vor seinem Tod. Er hätte der Erste in der Familie sein sollen, der Abi macht. Nicht ich.‘“ (S. 96)

In Anbetracht dessen, dass ein Abitur einen sozialen Aufstieg begünstigt, wünschen sich die Eltern, dass nun Can anstelle des toten Bruders das Abitur machen soll.

Den Vernachlässigten der bundesdeutschen klassenspezifischen Bildungspolitik bleibt in der Regel nur **der untere Schulabschluss** in Haupt-, Sekundär- oder Mittelschulen, wie diese Schulform in den jeweiligen Bundesländern heißt. Denn Bildung ist in Deutschland Ländersache und dieser föderale Weg erschwert eine gesamtdeutsche Bildungspolitik zusätzlich. Mit einem unteren Bildungsabschluss ist die Suche nach einem Ausbildungsplatz allerdings nicht immer einfach. Die Folgen für die davon betroffenen jungen Menschen sind dauerhaft prekär, so heißt es in dem GEW-Papier: „Ihnen drohen später Langzeitarbeitslosigkeit und/oder immer wieder kurzfristige Jobs mit schlechter Bezahlung.“[5]

Perspektivlosigkeit

Dies trifft im Roman beispielsweise auf Vika zu, die ebenfalls im Penny-Markt jobbt. Sie hat keinerlei berufliche Perspektive

---

[4] https://www.gew.de/aktuelles/detailseite/ein-verlorenes-jahrzehnt
[5] Ebd.

und hangelt sich antriebslos von Praktikum zu Praktikum, wie die Ich-Erzählerin berichtet:

> „Insgesamt geht bei Vika nicht viel. Praktikum nach Praktikum. Friseurin, Einzelhandelskauffrau, Systemgastronomin, Erzieherin, sie hat einiges durch. Auch sonst." (S. 11)

Junge Menschen ohne Schulabschluss und Perspektive können in die Kriminalität abdriften. Leroy und sein jüngerer Bruder Marvin scheinen im Roman Beispiele dafür zu sein: Leroy verkehrt mit jungen Gewaltverbrechern (vgl. S. 17), Marvin hat ebenfalls ein Gewaltproblem und läuft mit einem Messer in der Tasche herum, das er zu gerne einmal einsetzen würde (vgl. S. 16–17).

Kriminalität

Aus dem 2021 veröffentlichten **Armutsbericht der Bundesregierung** geht hervor, dass sich die Armut entgegen der 2008 angekündigten Bildungsoffensive konsolidiert hat, das bedeutet, dass sich an den ärmlichen Lebensbedingungen der unteren Gesellschaftsschichten und der Einwandererfamilien bisher nichts geändert hat.

Armuts- und Reichtumsbericht der Bundesregierung

In *Nach vorn, nach Süden* begeben sich Jugendliche des Penny-Hinterhofs mit Lenas Auto auf die Suche nach Jo und nach ihrer eigenen Identität und Zukunft. Der äußere Auto-Trip führt die Jugendlichen auf eine Reise zu sich selbst.

Wichtige jugendliterarische „Road Novels"[6]

- *Paradiso* von Thomas Klupp (2009): Der Protagonist Alex Böhm unternimmt zusammen mit einem ehemaligen Schulkameraden eine Autofahrt von Berlin nach München. Auf dieser Reise sieht er seine oberpfälzische Heimat wieder und die Begegnungen mit alten Freunden erschüttern sein Selbstverständnis als cooler Neuberliner.

---

6 Zum Genre der „Road Novel" siehe Kapitel 5, Materialien: S. 109.

2.2   **Zeitgeschichtlicher Hintergrund**

- *Tschick* von Wolfgang Herrndorf (2010): Der Roman handelt von zwei 14-jährigen Schülern aus Berlin, Maik Klingenberg und Andrej Tschichatschow („Tschick"), die mit einem gestohlenen Lada durch die ostdeutsche Provinz fahren.
- *Joyride Ost* von Torsten Nesch (2010): Die Protagonisten Tarik und Jana stehlen an einer Tankstelle einen BMW mit einer Geisel im Kofferraum und fahren ziellos durch Deutschland.
- *Der Sonne nach* von Gabriele Clima (2016). Der 16-jährige Dario kidnappt den etwa gleichaltrigen, schwerbehinderten Andrea und reist mit ihm durch die norditalienische Provinz, wo er seinen Vater zu finden hofft. Dabei entwickelt sich zwischen beiden Jungen eine tiefe Freundschaft.
- *Nach vorn, nach Süden* von Sarah Jäger (2020).

Thematisiert werden in den Road Novels und Coming-of-Age-Romanen Selbstfindung und Selbstbestimmung der jugendlichen Protagonisten.

2.3 Angaben und Erläuterungen zu wesentlichen Werken

Zusammenfassung

- Sarah Jäger verfasste bisher vier Romane, wovon einer keinen Verlag fand und nicht veröffentlich wurde.
- Alle Publikationen sind Coming-of-Age-Romane und der Kinder- und Jugendliteratur zuzuordnen.

Inspiriert von anspruchsvollen Kinder- und Jugendromanen, begann Sarah Jäger selbst Fiktion über Heranwachsende zu schreiben. Dabei handelt es sich durchweg um **„Coming-of-Age-Romane"**[7], in denen jugendliche Hauptfiguren um das Erwachsenwerden ringen.

Gegen Ende der 2010er-Jahre schrieb Jäger den Roman **Nordseite**, allerdings fand sie dafür keinen publikationswilligen Verlag. Um sich als Autorin nicht entmutigen zu lassen, verfasste Jäger den Roman **Nach vorn, nach Süden**, mit dem sie den Durchbruch schaffte.[8] Die Deutsche Akademie für Kinder- und Jugendliteratur erklärte den Roman im selben Jahr zum „Buch des Monats November", die renommierte Wochenzeitung *Die Zeit* und Radio Bremen prämierten ihn mit dem „Luchs des Monats". Von der Stadt Oldenburg wurde *Nach vorn, nach Süden* für den Oldenburger Kinder- und Jugendbuchpreis nominiert.

Nach vorn, nach Süden (2020)

Jäger erhielt das Kranichsteiner Kinder- und Jugendliteratur-Stipendium, das ihr die Arbeit am Folgeroman **Die Nacht so groß wie wir** ermöglichte, der 2021 publiziert wurde. *Die Nacht so groß wie wir* ist ein Buch über die Bedingungen von Freundschaft. Erzählt wird von den miteinander befreundeten Abiturienten Maja, Suse, Pavlow, Bo und Tolga, deren nächtliche Abiturfeier mit einer Desillusionierung endet. Die Freunde konfrontieren sich

Die Nacht so groß wie wir (2021)

---

7   Dazu siehe Kapitel 3.7, Interpretationsansatz 1, S. 97.
8   Dazu siehe Kapitel 3.1, Entstehung und Quellen.

2.3 Angaben und Erläuterungen zu wesentlichen Werken

mit Lügen und Verrat sowie uneingestandenen Gefühlen und stellen überrascht fest, wie unterschiedlich sie doch sind. Nach dieser Nacht ist nichts mehr wie vorher, das soziale Konstrukt Freundschaft hat sich neu konfiguriert. Erzähltechnisch ist dieser Roman durchaus reizvoll, so bekommt jeder der Protagonisten ein eigenes Kapitel mit einer eigenen Erzählstimme und individueller Figurensprache. Daneben setzt Jäger Analepsen[9] ein, die rückblickend vom Kennenlernen der Freunde und den Ereignissen, die sie zusammenschweißen, erzählen. Die Rückblenden in Kombination mit dem multiperspektivischen Erzählen führen zu einer differenzierten Darstellung des Geschehens. In einer Rezension des Wiener Instituts für Jugendliteratur heißt es:

> „Im Wechselspiel der Perspektiven, in die auch Rückblenden der jeweils jüngeren Ich-Erzähler*innen auf die Schlüsselmomente der Freundschaft eingewoben sind, in dem Miteinander von Eigenwahrnehmung und Fremdwahrnehmung entsteht das komplexe, vielschichtige Bild einer Gruppe von Individuen, die auf den ersten Blick so gar nicht zueinander zu passen scheinen."[10]

Homepage von Sarah Jäger

Schnabeltier Deluxe (2022)

Der Roman wurde für den Deutschen Jugendliteraturpreis 2022 und für den „Paul-Maar-Preis für junge Talente 2022" vorgeschlagen. Im Oktober/November 2022 wurde er als Theateradaptation am Düsseldorfer Schauspielhaus aufgeführt: mit großem Lob für die jungen Schauspieler und eher verhaltener Begeisterung für die Inszenierung.

Auch der auf *Die Nacht so groß wie wir* folgende Roman ***Schnabeltier Deluxe*** (2022) ist ein Coming-of-Age-Roman, der aus der Ich-Perspektive der Protagonistin erzählt und ebenfalls die heilende Wirkung von Freundschaft thematisiert. Er handelt von

---

9 Rückblenden
10 https://www.jugendliteratur.at/buchtipps/ex-libris/die-nacht-so-gross-wie-wir

der Systemsprengerin[11] Kim und beginnt damit, dass sie aus Wut über eine misslungene Physik-Klausur die Kaffeemaschine der Klassenlehrerin nebst Geschirr aus dem Fenster wirft. In der Folge fliegt Kim von der Schule und wird von ihrer Mutter zu deren Ex-Freund René in die Provinz gebracht, wo Kim dank seiner Fürsprache ihre Schullaufbahn fortsetzen kann. Nebenbei arbeitet sie an einer Tankstelle, in der sie den Friseur Janne kennenlernt. Zwischen beiden entwickelt sich zur Überraschung Kims eine zarte Freundschaft. Die Dritte im Bunde wird Alexandra Sofie, die sich „Alex" nennen lässt. Alle drei entwickeln Gefühle füreinander, die sie verwirren. Kim, die Angst vor Nähe hat und bisher alles destruiert hat, was ihr nahekommt, beginnt ganz langsam, ihr Verhalten infrage zu stellen. In einer Rezension von *LiteraturReich* heißt es:

> „Wieder schreibt Sarah Jäger mit dem ihr ganz eigenen Sound – locker, ohne sich an irgendwelche Jugendsprache anzubiedern, einfühlsam, sehr lustig, voller witziger Ideen. Waren es in *Nach vorn, nach Süden* junge Erwachsene und in *Die Nacht so groß wie wir* Abiturient:innen, sind die Protagonist:innen dieses Mal noch ein wenig jünger. Und auch wenn die drei Bücher völlig für sich stehen, gelingt doch so etwas wie eine Trilogie über das Erwachsenwerden, die Schmerzen, aber auch die Wunder, die es bereithält."[12]

2022 erhielt der Roman den „Hans-im-Glück"-Preis der Stadt Limburg. Zu ihrem Schreiben äußerte sich Jäger in einem Interview:

---

11 „Systemsprenger" (oder auch „Grenzgänger") sind notorisch verhaltensauffällige Kinder und Jugendliche, für die es wegen ihres extremen Verhaltens kaum adäquate Unterstützungs- oder Betreuungsmöglichkeiten gibt.

12 https://literaturreich.de/2022/09/24/Sarah-jaeger-schnabeltier-deluxe/

2.3 Angaben und Erläuterungen zu wesentlichen Werken

„Ich bewundere Autorinnen wie Ursula Krechel[13] oder Nino Haratischwili[14]. Oder Anna Seghers[15] mit ihren Romanen *Transit* und *Das siebte Kreuz* sowie vielen ihrer Erzählungen. Ich bewundere diese Autorinnen für ihre Klugheit und ihr literarisches Gespür. Für die Ernsthaftigkeit und das Absolute, das all ihre Werke prägt. Ich würde diese Ernsthaftigkeit so nie in meine Romane hineinschreiben können', gibt Jäger zu, ,sie würde bei mir wahnsinnig angestrengt wirken, im schlimmsten Fall wie eine halbgare Pose. Ich brauche immer ein Augenzwinkern, und das finde ich manchmal schade."[16]

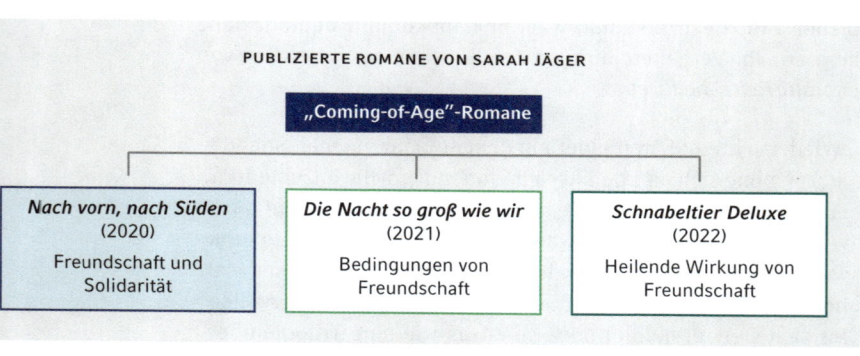

PUBLIZIERTE ROMANE VON SARAH JÄGER

„Coming-of-Age"-Romane

| *Nach vorn, nach Süden* (2020) Freundschaft und Solidarität | *Die Nacht so groß wie wir* (2021) Bedingungen von Freundschaft | *Schnabeltier Deluxe* (2022) Heilende Wirkung von Freundschaft |

---

13 Deutsche Schriftstellerin (*1947). Verfasst Lyrik, erzählende Prosa und Essays, Theaterstücke sowie Hörspiele.
14 Georgisch-deutsche Theaterregisseurin, Dramatikerin und Romanautorin (*1983).
15 Deutsche Schriftstellerin (1900–1983), Nazi-Gegnerin. Ihre Romane *Transit* und *Das siebte Kreuz* sind wichtige Werke der Exilliteratur.
16 https://www.trailer-ruhr.de/sarah-jaeger-nach-vorn-nach-sueden

TEXTANALYSE UND -INTERPRETATION

3

3.1 Entstehung und Quellen

Zusammenfassung

- Sarah Jäger schrieb *Nach vorn, nach Süden*, nachdem sie für ihren ersten Roman *Nordseite* keinen Verlag gefunden hatte. Sie wollte als Autorin nicht aufgeben und verwendete für ihr nächstes Buch den Penny-Hinterhof und die Figur „Entenarsch" aus ihrem unveröffentlichten Roman.
- 2020 erschien *Nach vorn, nach Süden* im Hamburger Rowohlt Verlag.

Die Entstehungsgeschichte von *Nach vorn, nach Süden* ist eng mit Sarah Jägers unveröffentlichtem Roman *Nordseite* verknüpft. In einem Interview äußerte sich Jäger dazu wie folgt:

Unveröffentlichter Roman Nordseite

> „Auf die Frage nach der Grundidee der Penny-Hinterhof-Clique angesprochen, räumt Jäger ein, dass *Nach vorn, nach Süden* eigentlich nicht ihr erster Roman ist: ‚Ich habe noch einen in der Schublade. In meinem so wirklich richtig ersten Roman *Nordseite* habe ich das Leben in einem etwas heruntergekommenen Stadtviertel beschrieben – und in diesem Stadtviertel war der Penny-Markt ein zentraler Anlaufpunkt, sowas wie der moderne Dorfplatz."[17]

Allerdings wurde *Nordseite* von diversen Verlagen abgelehnt, woraufhin Jäger, die sich nicht entmutigen lassen wollte, mit der Arbeit an *Nach vorn, nach Süden* begann. Dabei griff sie auf einige Figuren aus Nordseite zurück und kombinierte sie mit neuen Protagonisten. Auch der Hinterhof des Penny-Marktes ist schon in Nordseite einer der Schauplätze des Romans:

---

17 https://www.kultur-kino-bildung.de/dann-schreib-doch-vom-penny/

3.1 Entstehung und Quellen

> „Das Warten und Hoffen macht einen irgendwann fertig, und um nicht komplett durchzudrehen, habe ich mir mit Entenarsch eine Randfigur aus dem ersten Roman rausgepickt und angefangen, *Nach vorn, nach Süden* zu schreiben. Das war zu Beginn eher eine Spielerei. Ich habe neben Marie, Can und Entenarsch neue Protagonist*innen in den Penny-Hinterhof gesetzt. Vika, Otto, unseren Pavel, Leroy, Marvin. Plötzlich waren sie alle da, haben mein Herz erobert, und die Reise konnte losgehen."[18]

Chat mit
Christine Knödler

Dabei konzipierte Jäger *Nach vorn, nach Süden* als „Road Novel", wobei sie sich allerdings nicht an Wolfgang Herrndorfs *Tschick* orientierte. **Leitmotiv ihres Romans sollte Solidarität sein**, wie sie in einem Chat mit Christine Knödler anlässlich ihrer Auszeichnung mit dem Kranichsteiner Jugendliteratur-Stipendium 2021 zu sagen versucht:

> „Die Solidarität war auf jeden Fall [das], was mir schon wichtig war, dass das als Grundton unter der Geschichte liegt."[19]

Road Novel:
Solidarität

Kurz nach Beginn der Arbeit an *Nach vorn, nach Süden* lernte Sarah Jäger mit Christiane Steen die Programmleiterin des Kinder- und Jugendbuchprogramms des Rowohlt Verlages kennen. Diese zeigte Interesse an dem Romanprojekt, sodass Jäger ihr sieben Monate später das fertige Manuskript zukommen ließ. Der Roman wurde publiziert und verkaufte sich gut. Der Erfolg von *Nach vorn, nach Süden* überraschte Jäger, wie sie selbst sagt:

Vom Erfolg
überrascht

> „Niemand in der Welt des Literaturbetriebs – jenseits des Ruhrgebiets – kennt mich, ich habe vor der Veröffentlichung keine Stipendien oder Literaturpreise gewonnen, keine erwähnens-

---

18 Ebd.
19 https://www.youtube.com/watch?v=O0eAQOi4i2M

werte Reichweite in den sozialen Medien, weder Feuilleton noch Christine Westermann haben auf meinen Roman gewartet. Deshalb bin ich total überrascht, wie viel Aufmerksamkeit meine Penny-Gang bislang bekommen hat. Deutschlandfunk, ZEIT, Süddeutsche, WDR – damit hätte ich überhaupt nicht gerechnet. Ich wollte veröffentlicht werden, viel weiter habe ich nicht gedacht, und alles danach ist ein großes Geschenk."[20]

Nach vorn, nach Süden wurde von den Rezensenten häufig mit Wolfgang Herrndorfs Road Novel *Tschick* (2010) verglichen, wozu sich Jäger wie folgt äußerte:

Kein *Tschick*-Imitat

Tschick to go

„Ich wollte sicherlich keinen neuen *Tschick* schreiben, aber der Vergleich war zu erwarten: Eine Geschichte über junge Menschen, die in einem Auto unterwegs sind. Das reicht schon für die Schublade, auch wenn alles andere komplett abweicht. Ich habe *Tschick* vor vielen Jahren gelesen und liebe den Roman bis heute – ganz ehrlich, es hätte mich wirklich schlimmer treffen können."[21]

Mittlerweilen ist *Nach vorn, nach Süden* Schullektüre; in Baden-Württemberg ist der Roman als Pflichtlektüre für die Hauptschulabschlussprüfung, die Werkrealschulabschlussprüfung und die Realschulabschlussprüfung im Jahr 2024 vorgesehen. Eine Übersetzung ins Griechische ist bereits 2023 erschienen.[22]

Unterrichtsmaterial des Rowohlt Verlags für Lehrkräfte

---

20 https://www.trailer-ruhr.de/sarah-jaeger-nach-vorn-nach-sueden
21 Ebd.
22 Vgl. https://www.litrix.de/de/buecher.cfm?publicationId=3408

3.2 Inhaltsangabe

Zusammenfassung

Auf dem Hinterhof einer Penny-Markt-Filiale feiern die Aushilfen Marie, Lena, Can, Otto, Pavel, Leroy, sein Bruder Marvin sowie Ottos Ex-Freundin Vika Maries Realschulabschluss. Eigentlich müsste Maries Ex-Freund Jo auch dabei sein, doch der ist seit einem halben Jahr verschwunden. Er hatte Marie betrogen, daraufhin hat sie sich von ihm getrennt und Jo verschwand. Marie vermisst Jo und beschließt, ihn zu suchen. Lena, die Außenseiterin im Penny-Markt-Team, die von allen „Entenarsch" genannt wird, hat als Einzige der Gruppe einen Führerschein und ein Auto und bietet sich als Fahrerin bei der Suche an.

Lena, Marie und Can besuchen Jos Mutter in Münster und reisen anschließend zu Urs Behrenberg nach Fulda. Urs hat eine Postkarte von Jo bekommen, der ihm ein Konzert der „Blümchenschlüpper" empfiehlt, die in wenigen Tagen bei Fulda auftreten werden. Die Gruppe fährt nach Hause, wo sie im Penny-Markt-Hinterhof schon erwartet wird. Lena wird kaum beachtet und von Pavel schließlich mit ihrem Spitznamen begrüßt, was sie verletzt.

In den nächsten Tagen ignoriert Lena die Nachrichten von Can und Marie und beschließt, ihr Lehramtsstudium abzubrechen. Durch Achmad erfährt Lena im Waschsalon, dass die Gruppe nach wie vor mit ihr plant, was sie glücklich macht.

Beim zweiten Roadtrip sind auch Vika und ihre kleine Tochter Fine dabei. Sie erreichen wieder Fulda, wo Lenas Auto seinen Geist aufgibt. Entgegen Maries Hoffnungen taucht Jo bei dem Festival nicht auf. Lena erzählt Marie endlich von ihrem Verrat an Jo. Marie ist tief enttäuscht.

Mit dem Wohnmobil der „Blümchenschlüpper" machen sie sich wieder auf die Suche nach Jo und fahren nach Ulm zu Jos Freund „Fünfzehn Cent". Dieser berichtet, dass Jo bei ihm gewesen war und weiter ans Meer fahren wollte. Die Gruppe vermutet Jo am Mittelmeer, während Lena Jo an der Nordsee suchen möchte und alleine weiterfährt. Sie findet Jo …

Teil 1

Erstes Kapitel (S. 7–24)

Im Hinterhof eines Penny-Marktes feiern einige Aushilfen und Freunde Maries Realschulabschluss. Lena, von der Gruppe „Entenarsch" genannt, kommt hinzu, ihre Ankunft wird jedoch kaum zur Kenntnis genommen, sie ist ein Außenseiter in der Gruppe. Can grillt Würstchen und Gemüse. Auf einer Holzpalette sitzen Marie und Vika. Der Platz links neben Marie bleibt frei, da dort immer Jo gesessen hat, der aber vor sechs Monaten plötzlich verschwunden ist. Auf den beiden Stühlen sitzen Otto und Pavel, sodass sich Lena neben Marie auf die Holzpaletten setzt. Vika nennt sie bei ihrem Spitznamen „Entenarsch" (S. 10).

Die Clique vom Penny-Hinterhof

Marie und Vika reden über Vikas und Ottos Kind Fine. Marie versucht Vika davon zu überzeugen, dass sie eine gute Mutter ist. Vika formuliert Marie gegenüber den Verdacht, dass Otto sie verlassen hat, weil sie zu dick sei. Otto diskutiert mit Pavel darüber, ob er seine Punkband „Blümchenschlüpper" (S. 12) verlassen soll. Pavel kündigt an, im Hinterhof einen Aussichtsturm zu errichten, während Can Würstchen anbietet.

Filialleiter Müller steht plötzlich in der Tür und fordert Leroy nachdrücklich auf, an seinen Arbeitsplatz zurückzukehren. Leroys Bruder Marvin will Cans Platz am Grill einnehmen, doch Can tut so, als wolle er dies nicht zulassen. Marvin reagiert aggressiv. Can lässt durchblicken, dass er Spaß gemacht habe und überlässt Marvin seinen Platz. Die Übrigen erklären diese Szene für kinoreif. Marvin verkündet, dass er Can „plattgemacht" (S. 16) hätte und fährt mehrmals die Klinge seines Springmessers aus. Die Clique ist nicht besonders beeindruckt, da sie von Marvins Messer weiß und davon, dass ein Freund Leroys kürzlich einen Menschen erstochen hat.

Ottos neue Freundin Yasmin erscheint. Alle außer Vika, die plötzlich schlechte Stimmung wegen Jasmin verbreitet, begrüßen sie. Can will die angespannte Stimmung auflockern und bietet

Otto und seine Ex-Freundin Vika

schwarze Würstchen und verkohltes Gemüse an. Leroy erscheint wieder und gibt zu verstehen, dass er auf den Filialleiter pfeift. Er bemerkt das verbrannte Grillgut, geht zurück in den Verkaufsraum und klaut zwei Packungen Würstchen.

„Sunnyboy" Can

Can erzählt, dass er einen Tanzkurs belegen möchte, um Frauen kennenzulernen. Dann tanzt er zuerst mit Vika, dann mit Marie. Als er sagt, dass er zusammen mit Jo einen Zumba-Kurs machen wollte, erstarrt Marie. Pavel rettet die Situation, indem er Marie das Geschenk der Clique, einen gestreiften Liegestuhl, präsentiert. Marie kündigt an, nach Jo zu suchen: Sie will sich dabei an den Stempeln seiner Postkarten orientieren. Lena bietet sich plötzlich als Fahrerin an, da sie im Gegensatz zu den anderen sowohl einen Führerschein als auch ein Auto besitzt.

Zweites Kapitel (S. 25–43)

Lena, Can und Marie machen sich auf die Suche nach Jo

Lena würgt vor einer grünen Ampel stehend zum wiederholten Mal den Motor ihres Autos ab, was Can ungeduldig kommentiert und Marie zu beschwichtigen versucht. Lena droht mit Abbruch der Fahrt. Can weist Lena darauf hin, dass sie ja bisher noch nicht weit gekommen sind. Lena bedauert die schlechte Stimmung.

Rückblende (Analepse): Pavel hatte recherchiert, dass Jo Postkarten aus Fulda, Frankfurt, Würzburg, Ulm und Freiburg geschrieben hatte. Lena ließ sich zu Hause zeigen, wie man das Auto volltankt und packte ihren Rollkoffer, den sie von ihren Eltern zum Geburtstag geschenkt bekommen hatte, um „nach dem Abitur […] die weite Welt" (S. 27) zu bereisen. Dann fuhr sie zum Hinterhof, um Can und Marie abzuholen. Vika, Otto und Pavel gaben das Abschiedskomitee. Pavel versprach, bis zu ihrer Rückkehr zusammen mit Leroy einen Turm zu bauen. Lena sagte, dass sie zuerst nach Freiburg fahren würden, doch Marie widerspricht mit dem Hinweis, dass Münster das erste Ziel sei, da dort Jos Mutter lebe. Lena denkt daran, dass Jo der Erfinder ihres Spitznamens „Entenarsch" ist und dass sie ihm das nicht verzeihen wird (S. 29). Marvin tauchte mit einer Dose Pfefferspray auf, die er Can mitgibt für den Fall, dass es Probleme geben sollte. Die jungen Leute verabschiedeten sich voneinander, selbst Leroy tauchte noch auf.

Im Auto weist Marie Lena darauf hin, dass sie nach links auf die Autobahn fahren müsse. Gestresst fährt Lena auf den Autobahnzubringer – dann erst realisiert sie, wo sie ist. Auf der Autobahnauffahrt stehenbleibend erklärt sie Can und Marie, dass sie nicht auf die Autobahn fahren wird. Es kommt zum Streit: Marie schlägt vor, im Navi nach Alternativen zur Autobahn zu suchen, und unterhält sich mit Can über Lenas Kopf hinweg, als wäre Lena gar nicht anwesend.

Lena hat Panik vor der Autobahn

Immer noch steht das Auto auf der Autobahnauffahrt und wird von zornigen Autofahrern überholt. Ein Kleinwagen nähert sich, der Fahrer hält an, kommt zu Lena an den Wagen und fragt, ob er helfen könne. Can erkennt ihn als seinen Freund Achmad. Er bittet ihn, Lenas Auto von der Auffahrt zu fahren, was Achmad tatsächlich schafft. Lena setzt sich wieder auf den Fahrersitz und will den Motor starten. Marie schlägt vor, einen neuen Fahrer zu suchen. Lena bekräftigt, dass sie das Autofahren hinbekommen werde, dass sie nur keine Autobahn fahren könne. In der Folge würgt sie den Motor nicht mehr ab und die Stimmung im Auto bessert sich. Lena fährt auf die Bundesstraße und hat mit 80 km/h ihre „Wohlfühlreisegeschwindigkeit" (S. 37) gefunden.

Retter in der Not: Achmad

Pavel fragt per Handy nach, ob sie bereits Münster erreicht haben, doch sie befinden sich erst in der Nähe von Oer-Erkenschwick[23]. Can erhält von Pavel eine Nachricht, dass es in Oer-Erkenschwick einen Erlenweg gibt. Can fantasiert, Elektriker zu werden und nach Erkenschwick in den Erlenweg ziehen zu wollen. Dann schlägt er vor, dorthin einen Abstecher zu machen. Marie möchte nicht nach Oer-Erkenschwick, doch Can kann sie

---

23 Die westfälische Stadt Oer-Erkenschwick am Rande des Ruhrgebiets liegt rund 50 Kilometer von Münster entfernt.

überreden. Lena registriert Cans Nähe, was sie nervös macht (vgl. S. 39 f.).

Oer-Erkenschwick

Der Erlenweg entpuppt sich als Sackgasse und Can verkündet, doch nicht Elektriker werden zu wollen. Sie kehren auf die Bundesstraße zurück, Marie macht ein Nickerchen. Can und Lena tauschen sich darüber aus, dass sie weder in einer „Sackgasse" noch in einer „Einbahnstraße" leben wollen und dass man, wenn man sich nicht entscheiden kann, in einem „Kreisverkehr" landet. Die Atmosphäre ist entspannt, worüber sich Lena freut. Wegen der Hitze bekommt sie Kopfschmerzen, die Fahrt durch die Felder macht sie unaufmerksam und beinahe fährt sie mit überhöhter Geschwindigkeit in einen der zahlreichen Kreisverkehre. Can will wissen, wie sie an den Führerschein gekommen ist. Vermutlich so, wie er an die Zulassung zum Abitur gekommen sei, kontert sie. Dann konfrontiert sie Can damit, dass sie nicht einparken kann.

Drittes Kapitel (S. 44–75)

In Münster

Die Dreiergruppe erreicht Münster, Lena ist überglücklich. Can klopft ihr anerkennend auf die Schulter. Sie parken auf dem Parkplatz eines Penny-Marktes und Lena merkt wieder, dass sie in Marie und Cans Pläne nicht eingeweiht ist. Sie betreten das Geschäft und Can fragt eine Angestellte nach den Aushilfen. Sie finden einen braunhaarigen jungen Mann bei den Erbsen, der auch Jo sein könnte. Lena realisiert, dass die Fahrt dann zu Ende ist, was sie bedauern würde.

Solidarität unter Penny-Markt-Aushilfen

Der junge Mann ist nicht Jo. Can erklärt ihm, dass auch sie Penny-Markt-Aushilfen seien und eine Übernachtungsmöglichkeit bräuchten. Dann appelliert er an die Solidarität des Mannes. Dieser ist verdutzt, überlegt und willigt schließlich ein. Allerdings macht er klar, dass er nach Feierabend am See verabredet ist. Sie stellen einander vor. Der junge Mann heißt Matthäus (vgl. S. 52 f.), nennt sich aber „Matthes". Da er noch arbeiten muss, warten Lena, Marie und Can im Hinterhof des Penny-Marktes auf

ihn. Lena kauft eine Packung Choc Blops[24]. Marie fotografiert
Cans verschwitztes T-Shirt und sendet die Bilder an die Hinterhof-
Gruppe, damit auch Can und Lena sie haben. Doch Lena muss
zugeben, dass sie nicht in der von Jo eingerichteten Nachrichten-
Gruppe ist, weil sie damals noch kein Smartphone hatte. Marie
bittet Vika, die inzwischen Gruppenadmin ist, Lena in die Gruppe
aufzunehmen, was Vika sofort erledigt. Lena freut sich darüber.

Lena fragt, warum sie mit Jos Mutter reden sollen, wenn zwischen Jo und der Mutter doch sowieso kein Kontakt mehr besteht.
Sie schlägt vor, direkt nach Freiburg zu fahren, da er von dort die
letzte Karte geschickt hatte. Can erläutert, dass man beim Anfang
der Geschichte beginnen müsse und am Angang stehe immer
die Mutter. Der Filialleiter erscheint und fordert sie auf, das Gelände sofort zu verlassen. Er sieht die leere Tüte und unterstellt
ihnen, die Süßigkeiten gestohlen zu haben. Lena präsentiert den
Kassenbon und der Mann verschwindet. Lena, Can und Marie
warten weiter im Hinterhof, bis Matthes schließlich erscheint.

Sie fahren zu einem See[25], wo Matthes' Freunde und seine
Freundin Dörte, die sich „Dori" nennt, warten. Marie will wissen,
wie Matthes zu seinem Namen gekommen ist und so erzählt
Matthes von seinem fußballbegeisterten Großvater und davon,
dass er eigentlich Lothar Matthäus hatte heißen sollen. Derweil
flirtet Can mit einer jungen Frau und verschwindet schließlich mit
ihr, was Lena ärgert. Marie entschuldigt sich zu Lenas Überraschung bei ihr für ihre momentane Gereiztheit und ihre schlechte
Laune. Dann eröffnet sie, dass sie Angst davor hat, dass Jo sich
umgebracht haben könnte. Überrascht von Maries Vertrauen
versucht Lena, sie zu beruhigen. Marie lässt sich von dem Gedanken nicht abbringen und weist darauf hin, dass Jo sich schon
früher immer wieder mit einem Feuerzeug verletzt hatte. Dann
erklärt sie Lena, dass Can aus diesem Grund auf der Reise dabei

Bei Matthes in Münster

---

24 Schokoladen-Chips.
25 Vermutlich handelt es sich um den Aasee, Münsters Naherholungsgebiet. Vgl. auch Abbildung
S. 102.

ist, damit Marie nicht alleine ist, falls sich ihre Befürchtung bewahrheitet. Lena wird klar, wie wichtig diese Reise für Marie ist, und bietet ihr spontan an, mit 100 km/h in Zukunft schneller zu fahren. Sie überlegt kurz, Marie zu erklären, warum sie keine Autobahn benutzen möchte, lässt es aber. Marie zeigt sich dankbar, dass Lena sie fährt, obwohl Lena und Jo „keine Freunde" (S. 56) waren.

Wie Lena zu ihrem Spitznamen kam

Lena muss daran denken, dass sie während einer Schicht im Penny-Markt ein paar Worte mit Jo über Can und Marie wechseln wollte. Der verärgerte Jo hatte sie daraufhin „Entenarsch" (S. 56) genannt. Lena verspricht Marie, dass sie Jo finden werden, doch Marie bleibt skeptisch. Sie zeigt Lena eine Postkarte mit einem Liebesgedicht in Form eines „Elfchens"[26]. Lena ist berührt. Can und die junge Frau erscheinen wieder. Marie zieht ihn damit auf, dass er sein Stelldichein wegen eines fehlenden Kondoms versemmelt hat. Can lässt sich zwischen Marie und Lena ins Gras fallen. Lena gesteht sich ein, dass sie Can mag.

Nachts in Matthes' Wohnung, die nur aus einem Zimmer besteht, will Can in der Badewanne schlafen, was Marie ablehnt, da sie sonst die Toilette nicht nutzen kann. In der Mitte des Zimmers liegt ein Teppich, auf dem Lena, Marie und Can nach einem Streit um die einzige Wolldecke schließlich einschlafen. Am Morgen beklagt sich Lena über das schmutzige Geschirr, was den Gastgeber Matthes verärgert. Can bedankt sich bei Matthes für seine Gastfreundschaft und rettet damit die Situation. Lena ist ihr Verhalten unangenehm. Can fragt Matthes nach alten T-Shirts und Matthes schenkt ihm vier T-Shirts seiner Ex-Freundin mit Lady-Gaga-Aufdrucken.

Bei Jos Mutter

Das Trio fährt zu Jos Mutter. Marie zögert, weil sie das Gefühl hat, Jo zu verraten. Lena und Can steigen aus und gehen zum Mehrfamilienhaus, wo sie nach dem Klingenschild „Weuner" (S. 63) suchen, das allerdings nicht existiert. Die hinzugekom-

---

26 Eine Gedichtform, bestehend aus elf Wörtern in fünf Versen (vgl. *Nach vorn, nach Süden*, S. 57).

mene Marie drückt auf das Klingelschild mit dem Namen „Neuwanger" (S. 63) und erklärt, dass der Freund von Jos Mutter so heißt. An der Wohnungstür werden sie von Frau Weuner erwartet. Can stellt die Gruppe als Freunde von Jo vor. Das Gesicht von Jos Mutter hellt sich auf und sie fragt die drei, wie es Jo gehe. Can erzählt, dass Jo verschwunden sei. Die Frau bittet sie in die Wohnung und möchte Näheres wissen. Sie wundert sich darüber, dass die Polizei noch nicht da war und wird darüber aufgeklärt, dass diese nicht informiert worden ist, was Jos Mutter erstaunt. Lena erinnert sich, dass sie sich vor einigen Tagen auf dem Penny-Hinterhof ähnlich erstaunt geäußert hatte, woraufhin sie von Otto rüde angegangen wurde. Can erklärt Frau Weuner, dass sie einfach nur wissen wollen, wo Jo ist, wobei er verschweigt, dass Jo sich seit einigen Wochen nicht mehr gemeldet hat. Frau Weuner beharrt darauf, dass das Jugendamt sich hätte einschalten müssen. Can wirft Frau Weuner vor, sich nicht mehr für ihren Sohn zu interessieren, was sie abstreitet. Marie fragt Frau Weuner, ob sie wisse, wie sehr sie ihren Sohn verletzt habe. Jos Mutter antwortet, dass man manchmal keine Wahl habe und Marie flieht aus der Wohnung.

Frau Weuner erklärt, dass sie das Leben mit ihrem damaligen Mann Paul nicht mehr ausgehalten habe und deshalb gegangen sei. Jo sei immerhin schon zwölf Jahre alt gewesen. Can erwidert, dass man auch in diesem Alter der Trennungsschmerz sehr stark sei und fragt Frau Weuner erneut, wo ihr Sohn sein könnte. Sie verweist auf Urs Behrenberg, einen Freund Jos aus Grundschulzeiten, der nun in Fulda lebt. Can fragt Frau Weuner, ob sie sich vorstellen könne, wohin Jo gegangen sein könne. Sie weiß es nicht, da die Familie – von der Nordsee einmal abgesehen – nie irgendwo gewesen sei.

> Jos Mutter hat die Familie vor vier Jahren verlassen

Sie steht auf und sucht ein Fotoalbum. Can erklärt Lena, dass er nach Marie schauen möchte, und verlässt die Wohnung. Lena findet sich mit Frau Weuner allein wieder, die ihr ein Fotoalbum mit Bildern vom Urlaub an der Nordsee und zahlreiche

> Bilder von der Nordsee

Postkarten zeigt. Auf den Postkarten stehen von Jo verfasste Elf-chen, in denen er seine Wut auf die Mutter klar zum Ausdruck bringt. Frau Weuner erklärt Lena, dass sie Jo gezeigt habe, wie man Elfchen verfasst. Lena denkt an Cans Worte, dass eine Ge-schichte immer mit der Mutter beginne und fragt sich, wessen Geschichte dies hier überhaupt ist. Frau Weuner erklärt, dass sie Jos Wut verstehe, aber trotzdem darunter leide. Lena muss an Jos verbundene Hände denken. Frau Weuner erzählt Lena von der einst intakten Familie, die, nachdem Paul Weuner nach einem Jobwechsel entlassen worden war, zu zerbrechen begann. Nach dem Verlust der Arbeit mussten die Weuners in eine klei-nere Wohnung ziehen und Frau Weuner sorgte zwei Jahre lang für den Familienunterhalt. Dann hatte sie genug und zog mit ihrem neuen Freund Henry Neuwanger ohne Jo nach Münster. Sie hinterließ einen Brief für Jo, um sich zu erklären.

Lena kehrt zu Can und Marie zurück, die vor Aufregung in der Zwischenzeit Cans Fußnägel lackiert hat. Sie steigen ins Auto und Lena teilt den anderen mit, dass sie Frau Weuner ihre Telefonnummer gegeben habe für den Fall, dass Jo sich bei ihr meldet. Lena hat teilweise Verständnis für das Verhalten von Jos Mutter, während Marie nicht nachvollziehen kann, wie man ein Kind verlassen kann. Lena möchte nicht diskutieren und lenkt ein. Sie fragt nach dem nächsten Reiseziel, das Fulda ist. Dort wollen sie nach Jos Freund Urs Behrenberg suchen.

Auf nach Fulda

Sie übernachten noch einmal bei Matthes und Can fordert Lena auf, sich zu benehmen. Als sie nach Fulda aufbrechen, sagt Marie, dass die Fahrt fünf Stunden dauern werde und dass sie über die Autobahn nur drei Stunden Fahrtzeit benötigen würden: Lena lässt die mit diesem Hinweis verbundene Botschaft an sich abtropfen.

Viertes Kapitel (S. 76–119)

Suche nach Urs Behrenberg in Fulda

Can kann Fulda kaum ertragen, es ist ihm zu idyllisch und er ver-mutet, dass sich kaum jemand traut, diese Stadt zu besuchen. Den

Das Dreihasenfenster ist ein Wahrzeichen von Paderborn und kann im Dom besichtigt werden.
© picture alliance / imageBROKER | W. Wirth

Fuldaer Dom, auf dessen Vorplatz sie sitzen, findet er allerdings beeindruckend.

Rückblick (Analepse): Am Vorabend waren sie erst nach 20 Uhr in Fulda angekommen, nachdem sie einen längeren Aufenthalt in Paderborn eingelegt hatten, wo Can sich auf Pavels Hinweis hin das Dreihasenfenster im Dom ansehen musste.

Der Penny-Markt in der Gemeinde Künzell vor den Toren Fuldas hatte bereits geschlossen und somit war eine Übernachtungsmöglichkeit bei einer Penny-Markt-Aushilfe nicht möglich. Für einen Aufenthalt in der Jugendherberge reichte ihr Geld nicht mehr aus und so mussten sie zu dritt in Lenas Corsa übernachten: Lena quer auf den Fahrer- und Beifahrersitzen, nachdem sie bei „Schnick, Schnack, Schnuck" verloren hatte, und Can und Marie

3.2 Inhaltsangabe

auf der umgeklappten Rücksitzbank. Dies ist sehr unbequem und schon sehr früh am Morgen fahren sie in die Stadt, wo Can sie von seinem letzten Geld zu einem Frühstück in eine Bäckerei einlädt. Während Marie mit Vika schreibt, deren Mutter es nicht gut geht, und Lena vor sich hin stiert, plaudert Can mit der Verkäuferin Inga, die den jungen Leuten die Benutzung der Personaltoiletten erlaubt, wo sie sich ein wenig frisch machen können. Pavel hat inzwischen zwei Adressen mit dem Namen Behrenberg recherchiert und ihnen die Daten geschickt. Sie fahren zur ersten Adresse, einer Reihenhaussiedlung am Stadtrand. Auf ihr Läuten öffnet eine ältere Frau. Marie grüßt und fragt nach dem Enkel der Frau, die wohl den „Enkeltrick"[27] vermutet und ihnen die Tür vor der Nase zuschlägt.

Sie fahren zur zweiten Adresse. Auf ihr Läuten öffnet Urs' etwa 13 Jahre alte Schwester. Marie fragt nach Urs, doch der sei im Park, erwidert das Mädchen, das ihnen weder Urs Telefonnummer geben will noch ihn anruft und schließlich die Tür zuschlägt. Marie, Can und Lena wollen nicht aufgeben und läuten ausdauernd, bis die Schwester mit der Polizei droht. Sie gehen entmutigt zum Auto zurück und Marie schlägt vor, Urs im Park zu suchen, wobei sie davon ausgeht, dass es in Fulda zwei Parks gibt. Es gibt aber sieben Parks. In sechs Parks suchen sie vergeblich, der Schlossgarten fehlt noch. Erschöpft und schwitzend sitzen sie nun also auf den Domtreppen.

Lena überlegt, ihr restliches Geld in Pistazieneis für alle zu investieren, als Marie aufsteht und ankündigt, im Schlossgarten nach Urs zu suchen. Can und Lena bleiben erschöpft sitzen und unterhalten sich zum ersten Mal allein. Lena erwähnt, dass sie tanken müsse und lässt durchblicken, dass sie sich das nicht zutraut. Can möchte von Lena wissen, warum sie überhaupt ein Auto hat, wenn sie nicht richtig fahren kann. Lena erklärt ihm, dass sie so-

---

27 Enkeltrick: Betrüger geben sich als Enkel oder nahe Verwandte aus, um an das Geld der betrogenen, meist älteren Person zu kommen.

wohl das Auto als auch den Rollkoffer von ihren Eltern geschenkt bekommen hat. Can interpretiert den Rollkoffer als Aufforderung, auszuziehen. Lena korrigiert ihn: „Die wollen mich loslassen, in die Freiheit." (S. 90) Allerdings sei in ihrem Elternhaus Freiheit immer ein Ergebnis von Planung und Sicherheit gewesen. Can bemerkt, dass sie mit ihrer Reise die Vorstellungen ihrer Eltern unterlaufen habe und rebellischer als Pipi Langstrumpf sei.

Seine Eltern würden ihm auch ein Auto schenken, hätten sie das Geld dazu, bemerkt Can. Lena erwidert, dass er keinen Führerschein habe, woraufhin Can sagt, dass er sehr teuer wäre. Lena schlägt ihm vor, dass er sich dafür das Geld wie sie beim Penny-Markt verdienen könnte. Als er schweigt, fällt ihr ein, dass seine Eltern mit einem Porzellanladen Bankrott gemacht haben und immer noch Kredite abzahlen müssen. Lena spricht ihn darauf an und darauf, dass er der Älteste sei und sich kümmern müsse. Can erwidert, dass sich alle kümmern würden und dass er nicht der Älteste sei. Er habe einen älteren Bruder gehabt, der vor über zehn Jahren gestorben sei. Lena weiß nicht, was sie sagen soll, und nimmt Cans Hand. Can erklärt, dass sein verstorbener Bruder sehr intelligent gewesen sei und als erster in der Familie das Abitur hätte machen sollen. Er sei ein stiller Mensch gewesen. Nun, da er tot sei, sei er in seiner Abwesenheit laut, weshalb Can versuche, noch lauter zu sein. Lena imaginiert eine trauernde Familie mit einem Can, der erzählt und erzählt. Can gesteht Lena, dass er für die Geschwister zwar der große Bruder sei, dass er seinen Eltern aber nie der älteste Sohn sein könne. Lena fragt ihn, ob seine Eltern um ihn weniger getrauert hätten. Can sagt nichts. Lena entschuldigt sich für diese Frage und will ihm ihre Hand entziehen. Can hält sie fest und antwortet, dass er sich das selbst schon gefragt habe und nicht weiter darüber nachdenken wolle.

Marie schickt eine Nachricht, dass sie Urs im Park gefunden hat. Ohne sich weiter an der Hand zu halten, machen sich Lena

Cans Familien-verhältnisse

Vertrauen zwischen Lena und Can

3.2 Inhaltsangabe

und Can zum Schlossgarten auf. Sie finden Marie in einer Gruppe von Jungen, unter denen auch Urs ist. Er erzählt von Jo, der im Frühling für zwei Wochen bei ihm und seiner Familie gewohnt habe, dann aber wieder verschwunden sei. Ein Handy habe er nicht mehr. Vor zwei Wochen habe er Urs mit einer Postkarte auf das Konzert der „Blümchenschlüpper" auf einem Festival in Fulda aufmerksam gemacht. Marie erfährt von Otto, dass es ein Freiluftfestival ist und am Mittwoch der Folgewoche stattfinden wird. Sie ist sich sicher, dass auch Jo kommen wird.

Lena versucht sich für sie zu freuen, gleichzeitig hat sie Angst, wenn sie Jo gefunden haben, sich in ihrer Einsamkeit wiederzufinden. Sie legt sich neben Can ins Gras, fällt in einen Halbschlaf und träumt von Marie, Jo und ihrer Mutter mit Entenschnabel. Can weckt sie, indem er ihre Nase mit einem Grashalm kitzelt. Lena sammelt sich und sagt, dass sie zurück nach Künzell zum Penny-Markt müssten. Marie erzählt ihr, dass sie zusammen mit Urs zu einer Party seines Freundes Bjarne gehen, wo sie auch übernachten können.

Bjarnes Familie ist auf Madeira und in Haus und Garten wird eine wilde und ausufernde Party mit lauter Musik gefeiert. Lena findet Can zusammen mit Bjarne in der Küche, wo sie Sahnepudding löffeln. Can verkündet bestens gelaunt, dass Fulda ihn tötet, küsst Lena auf die Stirn und verschwindet. Lena nimmt sich eine Flasche Sekt aus dem Kühlschrank.

Schließlich findet Lena sich auf der Toilette wieder, mit einer neongrünen Badekappe auf dem Kopf (S. 105), nachdem auch sie ausgelassen mit den 16-Jährigen gefeiert hat. Auf dem Badezimmerspiegel steht mit Zahnpasta „Fulda" geschrieben und sie überlegt, ob das ein Zeichen für sie sein soll, nach Fulda zu ziehen. Sie erzählt es jedem, bis einer sagt, dass Fulda auch nur Fulda sei. Sie findet das grandios und nimmt sich noch eine Flasche Sekt. Sie fühlt sich hervorragend: „[…] mit neunzehn ist noch nichts verloren, ich bin volltrunken vor Glück, dass es mich gibt." (S. 107) Gegen fünf Uhr in der Früh kommt Marie zu ihr und sie gehen in das Kinderzimmer, um zu schlafen. Später gesellt sich Can zu ihnen.

Am Nachmittag stehen sie auf und legen sich im Garten gleich wieder erschöpft hin. Marie und Can möchten vor dem Besuch des Festivals noch einmal nach Hause. Lena überlegt kurz, den Beschluss zu boykottieren, verwirft die Idee jedoch. Bjarne taucht auf und Can ruft ihm zu, dass, wenn sie jetzt fahren würden, sie nicht beim Aufräumen helfen müssten. Bjarne winkt ab und verweist auf die Reinigungsfrau, die am nächsten Tag kommen wird. Lena, die einen Kater hat und der Meinung ist, dass Feiernde auch aufräumen müssen, erklärt, dass sie sowieso nicht Auto fahren könne. Auch für Marie, Tochter einer Putzfrau, ist das Aufräumen nach einer Party Ehrensache. Dann beginnen sie aufzuräumen und sind gegen Mitternacht fertig. Can will von Bjarne noch wissen, warum die Polizei nicht aufgetaucht war: Bjarne erklärt, dass die Leute entweder taub oder in Urlaub sind oder auf der Party waren (S. 109).

Eine weitere Übernachtung bei Bjarne

Lena, Can und Marie befinden sich auf dem Heimweg. Sie haben fünfeinhalb Stunden Fahrzeit vor sich. Um sich die Zeit zu vertreiben, denkt sich Can Schimpfworte aus den Buchstaben der Nummernschilder überholender Autos aus. Lena überlegt, bei der nächsten Fahrt die Autobahn zu benutzen.

Am Abend erreichen sie den heimischen Penny-Markt-Hinterhof, wo sie von Pavel, Leroy, Marvin und Vika erwartet werden. Pavel zeigt Can einen Stapel Latten und Kanthölzer und erklärt, dass damit der Aussichtsturm gebaut werde und dass Leroy viel geholfen habe. Lena wird erst einmal ignoriert. Schließlich wird sie von Pavel erspäht, der sie bei ihrem Spitznamen nennt. Lena ist tief enttäuscht. „Auf dem Hinterhof ist das meine Position. Abseits." (S. 111) Sie verabschiedet sich, niemand hält sie zurück. In ihrer Wohnung setzt sie die neongrüne Badekappe auf, die sie beim Aufräumen nach der Party eingesteckt hat, und weint.

Rückkehr in den Penny-Markt-Hinterhof

Lena ignoriert die Nachrichten von Can und Marie, für sie ist alles zu Ende. Am Sonntag sitzt sie in ihrer Wohnküche und

Lena bricht ihr Studium ab

starrt auf den Backofen. Niemand klingelt an ihrer Tür. Sie fühlt sich verlassen. Am Montag putzt Lena ihre Wohnung und denkt über die Macht von Namen nach und darüber, ob sie die Realität beeinflussen können. Sie findet ein durchgerissenes Rückmeldeformular für das nächste Semester und zerfetzt es in kleine Schnipsel. Die auf dem Schreibtisch liegende Studienliteratur zerreißt sie ebenfalls. Anschließend macht sie sich auf den Weg in den Waschsalon, wo sie auf Achmad stößt, den sie anspricht. Als er weiß, wen er vor sich hat, beginnt er zu lachen und sagt, dass sie und die Hinterhof-Clique am Mittwoch wieder aufbrechen würden. Lena begreift, dass die Gruppe nach wie vor mit ihr rechnet. Sie schickt Emojis an Can und Marie und fühlt sich schlagartig besser.

Am Dienstag hebt Lena 250 Euro von ihrem Sparkonto ab, auf dem danach noch 4,23 Euro verbleiben. Sie nimmt sich vor, im Herbst ihr Leben neu zu organisieren. Jos Mutter schreibt ihr, dass ein Schulfreund von Jo, der „Fünfzehn Cent" genannt wird, nach Ulm gezogen sei. Den eigentlichen Namen des Jungen hat Jos Mutter vergessen. Lena kann den Mittwoch kaum noch erwarten.

Teil 2

Erstes Kapitel (S. 123–189)

Liebespaar Leroy und Pavel

Lena erreicht den Hinterhof und sieht Pavel und Leroy, die auf einem Stuhl sitzend knutschen. Sie ist sich nicht sicher, ob sich die Jungen outen wollen oder nicht. Can erscheint und hat für die beiden Jungen einen flotten Spruch übrig. Pavel und Leroy lösen sich lachend voneinander.

Vika und Fine fahren auch mit nach Fulda

Marie kommt hinzu und mit ihr Vika mit einer Reisetasche und Fine im Kinderwagen. Marie erklärt der verwunderten Lena, dass Vika einen Tapetenwechsel brauche. Das Gepäck wird verstaut, für den Kinderwagen findet sich kein Platz mehr. Vika nimmt das relativ locker und bedankt sich bei Lena dafür, dass sie mitfahren kann, was Lena überrascht. Can nimmt auf dem Beifahrersitz Platz und das macht Lena nervös. Nachdem sie einen Blick auf Fine geworfen hat, startet sie den Wagen und würgt direkt den Motor ab, woraufhin Vika bemerkt, dass sie nun wisse, was die anderen meinten. Marie und Can bemerken, dass sie auf der Autobahn schneller seien, doch Lena lässt sich nicht beeindrucken. Vika stöbert in Maries Tasche herum und stößt auf eine Dose Erbsen und Joghurtschokolade, beides ist für Jo bestimmt. Vika und Marie unterhalten sich auf der Rückbank, Lena lauscht auf die Gesprächsfetzen. Vikas an Marie gerichtete Frage, ob sie Jo zurückhaben will, bejaht diese.

Drei Stunden später steht bei Fine ein Windelwechsel an und Lena hält an einer Landstraße im hessischen Biedenkopf. Während Vika und Marie sich um das Kind kümmern, stehen Can und Lena beisammen. Die Stimmung zwischen beiden ist angespannt. Als Can etwas sagen will, platzt Vika mit der Frage dazwischen, wo sie die Windel entsorgen könne. Can verweist auf eine nahegelegene Bushaltestelle mit einem Mülleimer. Die jungen Leute machen sich zur Bushaltestelle auf.

Vika entsorgt die Windel und sagt Lena, dass sie gar nicht schlecht fahre und dass es „cool" (S. 131) sei, dass sie das alles mache. Ob sie nicht für ihr Studium lernen müsse, will sie von Lena wissen. Lena antwortet, dass Semesterferien seien und dass sie das Studium wohl abbrechen werde. Derweil hat sich Can neben eine alte Dame mit Rollator gesetzt, die auf den Bus wartet. Sie sei doch intelligent, sagt Vika zu Lena. Zwar nerve sie manchmal, aber sie sei doch intelligent. Lena fühlt sich gegen ihren Willen geschmeichelt und erzählt von ihrem Schulpraktikum, das sie als furchtbar empfunden habe. Can schaltet sich ein und sagt, dass es nur konsequent sei das Studium anzubrechen, wenn man bereits nach zwei Semestern wisse, dass man sich falsch entschieden habe. Er bezieht immer wieder die alte Dame ins Gespräch mit ein. Can gesteht Lena, dass er sie, wenn sie seine Lehrerin gewesen wäre, fertiggemacht

> Vika unterhält sich mit Lena über ihre Pläne

hätte. Vika stimmt zu, allerdings sei sie nicht oft in der Schule gewesen. Ein Bus hält an der Haltestelle, Can hilft der alten Dame hinein. Zum Auto zurückgekehrt, möchte Vika von Lena wissen, was sie nun machen wird. Lena antwortet, dass sie es nicht wisse und will das Thema wechseln. Can wechselt das Thema und bittet sie um ihre Expertise bezüglich Pistazieneis.

Jo hat Marie hintergangen

Zurück im Auto haben sie eine unbeschwerte Weiterfahrt. Vika erläutert Marie die Vor- und Nachteile einer Ponyfrisur und diskutiert mit ihr über eine Fernsehserie. Dann schlägt sie Marie vor, Jo beim Wiedersehen erst einmal zappeln zu lassen, was Marie ablehnt. Vika erinnert sie daran, dass Jo sie sitzengelassen habe. Marie erwidert, dass ihre Beziehung mit Jo bereits vor dessen Verschwinden beendet gewesen sei. Grund dafür sei nicht seine Untreue gewesen, sondern seine Feigheit. Lena denkt, dass Vika immer noch Otto hinterherrennt und Marie Jo und dass niemand hinter ihr herrennen würde.

Can ist merkwürdig still und schaltet sich erst wieder in das Gespräch ein, als Lena von Jos Mutter und deren Hinweis auf Fünfzehn Cent berichtet. Can erzählt von dessen Eltern und ihrem Kiosk und dass sie dort kleine Flaschen mit Alkohol gestohlen und in der Pause auf der Schultoilette getrunken hätten. Marie und Vika deuten weitere Dinge an, die sich im Jungenklo ereignet haben. Dann möchte Marie wissen, wie weit noch zu fahren sei. Vika schaut auf den Routenplan, kann ihn nicht lesen und reicht das Smartphone an Marie weiter. Die stellt fest, dass sie sich vor Bimbach befinden und erst in zwanzig Minuten Fulda erreichen werden. Lena hält den Wagen an, damit sich Marie zum Pullern in die Büsche schlagen kann. Sie spricht Can auf seine Schweigsamkeit an, der abblockt. Lena bohrt nach, ob er sich Gedanken darüber mache, was aus ihm und Marie werde, wenn Marie und Jo wieder zusammenfinden werden. Can antwortet, dass er sich Gedanken darüber mache, was werden soll, wenn Jo nicht auf dem Festival auftauchen sollte.

SARAH JÄGER

Can, Marie und Lena durchqueren Fulda und gelangen in eine dörfliche Umgebung, wo ein Schild auf das Festival hinweist. Plötzlich funktioniert das Auto nicht mehr, Lena schafft es gerade noch auf den Grünstreifen. Sie machen sich zu Fuß auf den beschwerlichen Weg zum Festivalgelände. Alle sind genervt, nur Marie nicht. Lena versucht sie darauf vorzubereiten, dass Jo vielleicht nicht zum Festival kommt. Marie reagiert äußerst gereizt.

Defektes Auto

Sie erreichen das Festivalgelände, wo sie auf zwei junge Männer von der Security stoßen, die sich mit Can anlegen, dem schließlich der Zugang zum Festivalgelände verweigert wird. Maries Vermittlungsversuch bleibt ohne Erfolg. Can setzt seinen Charme ein, um die Jungs umzustimmen. „Hab ich Terrorist auf der Stirn stehen, oder was? Bin ich euch nicht blond genug?" (S. 146) Lena entscheidet, dass sie zuerst die Blümchenschlüpper suchen und Can dann abholen.

Can wird der Zutritt zum Festival verwehrt

Auf der Suche nach der Band stoßen sie auf Marvin, der sie zur Band bringt. Deren Mitglieder Otto, Püppi, Hasi, Lämmchen und Schnecke warten vor dem Tourbus bzw. Wohnmobil auf ihren Auftritt. Man begrüßt sich und Vika erklärt, dass Can nicht aufs Gelände gelassen wird. Püppi geht zu den Security-Leuten und kehrt mit Can zurück. Der bemerkt Marvin gegenüber, dass seine Aktion mit dem Pfefferspray nicht hilfreich gewesen sei. Marie macht sich auf, um Jo zu suchen. Lämmchen bietet der Clique an, ihr Auto bei ihnen zu parken und auch das Zelt bei ihnen aufzustellen: Allerdings haben sie weder Zelt noch Schlafsäcke dabei. Lena berichtet von ihrem defekten Auto. Püppi bittet seine Frau, die er „Tiger" nennt, sich das Auto einmal anzuschauen. Im Gegensatz zu ihnen, den Blümchenschlüppern, die nur saufen könnten, hätte Tiger Alltagskompetenz. Die Band lobt Ottos musikalische Fähigkeiten, was Otto verärgert zur Kenntnis nimmt. Eine kleine, zierliche Frau erscheint. Püppi berichtet ihr von Lenas liegengebliebenen Auto und Tiger fordert Lena auf, ihr das Auto zu zeigen.

3.2 Inhaltsangabe

Lenas Auto hat einen Totalschaden

Tiger diagnostiziert einen Totalschaden und bietet Lena an, im nächstgelegenen Dorf nach einem Abschleppdienst zu fragen. Lena fällt es schwer, sich von dem Auto verabschieden zu müssen. Sie verkneift sich ihre Tränen. Bassgewummer setzt ein, die Clique geht zur Festivalwiese. Marvin schlägt schließlich das Thema Pavel und Leroy an, das er „komisch" (S. 155) findet. Er hält seinen Bruder Leroy nicht für schwul. Can erklärt, dass es egal sei, mit wem Leroy schlafe, solange es keine Kinder seien[28]. Lena pflichtet ihm bei und ergänzt, dass auch Verkehr mit Tieren[29] schlimm sei. Can erklärt, dass Leroy in seinem Leben viele Fehler gemacht habe, dass Pavel aber nicht dazu gehöre. Lena will von ihm wissen, ob er seinen Schwestern gegenüber auch so tolerant sei. Can erwidert, dass sie bestens über sein Liebesleben informiert seien und lässt durchblicken, dass er kein Kind von Traurigkeit ist. Dann läuft er Richtung Bühne. Marvin erklärt Pavel für in Ordnung: „‚Und wenn da einer was gegen sagt, stech ich ihn ab' [...]." (S. 157)

Jo ist nicht da

Lena lässt sich von der Stimmung auf der Wiese anstecken und springt in ihrer Begeisterung einer Festivalbesucherin auf den Fuß. Sie erspäht die Blümchenschlüpper, Vika und Pavel. Auch Marie ist bei ihnen, allerdings ohne Jo. Als sie Lena sieht, sagt sie, dass Jo bestimmt am Abend oder am nächsten Tag kommen werde. Vika sagt, dass Otto zusammen mit Fine und Yasmin spazieren gehe und dass sie sich wohl an Yasmin werde gewöhnen müssen. Marie und Pavel beruhigen sie, dass Yasmin nett sei.

Die Band „Carretera" macht „Gang of Rhön" Platz. Am Abend tritt „Cord Deluxe" auf, der das Konzert beschließt. Lena bietet eine Runde Pommes Frites für alle an, doch die Begeisterung hält sich in Grenzen. Schließlich kaufen sie Zuckerwatte, die Lena zum ersten Mal in ihrem Leben isst: „Dass etwas Spaß machen kann, ohne Sinn zu ergeben." (S. 161)

---

28 Pädophilie
29 Sodomie

Otto informiert Vika darüber, dass die Blümchenschlüpper im Hotel übernachten und sie mit im Wohnmobil schlafen können. Vika bedauert das, denn sie hätte Hasi gern näher kennengelernt. Lena bekommt einen Lachanfall. Auf die Fragen Maries, warum Leroy nicht mitgekommen ist, antwortet Pavel, dass er den Aussichtsturm fertigstellen wollte und dass er schlecht mit Menschen umgehen könne. Vika und Marie sind sich einig, dass Leroy Pavel nicht für dumm verkaufen soll. Lena behauptet, dass Otto Vika dauernd betrogen habe. Pavel stellt richtig, dass Vika Otto schlecht behandelt und er die Beziehung dann beendet habe. Vika gibt es zu und sagt, dass sie gehofft habe, dass ihre Beziehung zu Otto nie enden würde. Dann beklagt sie sich bei Pavel darüber, dass er sich in Leroy verliebt hat, wo er, Pavel, doch ihr „Plan B" (S. 164) gewesen sei. Can erscheint und Vika fragt ihn, warum sie beide noch nie ein Techtelmechtel miteinander gehabt hätten. Marie sagt, dass Can die Frauen der Hinterhof-Clique zu anstrengend seien. Can bejaht, sagt aber, dass es nicht so bleiben müsse. Die Clique errät, dass Can und Lena etwas miteinander haben, und Vika fordert Einzelheiten. Can und Lena erklären, dass sie in der ersten Nacht in Münster miteinander geknutscht hätten.

Rückblick (Analepse): Lena, Marie und Can liegen in Matthes' Wohnung auf dem Teppich. Can ist wach und schmiegt sein Bein an das von Lena. Lena streichelt ihm über die Wange, dann küssen sie sich. Um Marie nicht zu wecken, gehen sie ins Bad, legen sich in die Wanne und küssen sich dort weiter. Am nächsten Tag tun sie so, als wäre nichts gewesen.

Vika äußert sich überrascht und begeistert, Marvin eher verwundert. Lena ist das alles unangenehm. Vika fragt sie, ob ihr das peinlich sei, schließlich ginge es doch nur um Sex. Lena stellt klar, dass sie und Can nicht miteinander geschlafen hätten, was Vika enttäuscht. Can fragt Marie, ob sie nun sauer sei, was Marie verneint. Die Clique macht sich zum Wohnmobil auf. Pavel läuft unvermittelt in die Dunkelheit, Vika und Marie folgen ihm.

Wahrheiten

Lena und Can

3.2 Inhaltsangabe

Can und Lena finden sich allein wieder und beginnen sich zu küssen. Dann löst sich Lena von ihm und konfrontiert ihn damit, dass er sie nicht wirklich will: „Bei Licht betrachtet, da willst du nichts von mir." (S. 168) Lena fragt Can nach Marie, sollte Jo nicht wieder auftauchen. Can weicht aus und appeliert an Lenas Selbstwertgefühl: „Vielleicht solltest du langsam mal kapieren, dass du gar nicht so kacke bist, wie du denkst." (S. 170) Dann geht er. Vor dem Wohnmobil trifft Lena auf Vika, die sie nach Can fragt. Vika äußert sich enttäuscht darüber, dass „nichts passiert" (S. 170) ist.

Zweiter Festivaltag

Die Nacht im Wohnmobil war für alle unbequem und anstrengend, der Morgen ist schwül. Marie will am Eingang auf Jo warten, die Übrigen hängen rund um das Wohnmobil ab. Als Marvin hungrig erscheint, erinnert Vika Lena daran, dass sie Pommes ausgeben wollte. Zusammen mit Can und Marvin macht sich Lena auf zum Pommeskaufen. Auf dem Weg zum Imbiss stoßen sie auf die beiden Security-Leute, die Can am Vortag nicht auf das Gelände lassen wollten. Can winkt ihnen fröhlich zu und in der Folge entwickelt sich ein hitziges Gespräch. Marvin stellt sich zwischen sie und greift in die Tasche. Lena beleidigt die Security-Leute und Can zieht Marvin mit sich fort. Auf dem Weg zum Imbiss machen Lena und Can Marvin klar, wie dumm der Einsatz des Messers gewesen wäre.

Marvin will sein Messer ziehen

Sie kaufen neun Portionen Pommes und verteilen sie an die Anderen. Lena geht zu der am Eingang ausharrenden Marie und bietet ihr eine Portion an, doch Marie lehnt ab. Lena setzt sich zu ihr und schreibt der Gruppe eine Nachricht, dass sie einen Sonnenschirm bringen sollen. Kurz danach erscheint Vika mit Fine und dem Sonnenschirm. Lena macht ihr ein Kompliment bezüglich ihres T-Shirts und Vika bietet ihr an, es ihr zu leihen, allerdings würde Lena ja immer lange Shirts tragen, wobei sie dies wirklich nicht nötig habe. Lena verweist auf ihren Spitznamen „Entenarsch" und Vika macht Lena klar, dass der mit ihrem Hintern nichts zu tun habe.

SARAH JÄGER

Am Nachmittag treten wieder Bands auf. Jeder neue Besucher wird von der Clique eingehend geprüft. Zunächst singt das Mädchenduo „Lea-Bella", das von „Motorväg" abgelöst wird. Sie sind so laut, dass Vika Fine in Sicherheit bringt und geht. Marie und Lena verlassen ebenfalls die Festivalwiese, wobei sie einem jungen Mann mit Basballcap begegnen, der sie beide sofort an Jo erinnert. Dass es nicht Jo ist, deprimiert Marie. Sie bittet Lena, sie allein zu lassen.

Lena kehrt zum Rest der Clique zurück. Pavel zeigt ihr ein Bild mit einem fast fertigen Aussichtsturm und einem lächelnden Leroy. Er kündigt an, dass die nächste Band „Söhne reicher Eltern" (S.180) heißt: Vika und Lena gehen gemeinsam zur Bühne, doch sie können mit den Liedtexten nichts anfangen. Zusammen kehren sie zum Wohnmobil zurück.

Die Blümchenschlüpper haben ihren Auftritt und Lena trifft im Publikum auf Bjarne und Urs. Von der Stimmung angesteckt hampelt sie wie die anderen herum. Von Bjarne erfährt sie, dass Marie am Zeltplatz ist. Lena macht sich auf den Weg zu ihr. Sie begegnet zwei Mädchen bei den Security-Leuten, die sich über eine geworfene Erbsendose beschweren. Lena läuft weiter, findet die Erbsendose und ein flachgelegtes Zelt nach dem anderen. Schließlich findet sie Marie, die volltrunken weitere Zelte einlegt. Lena überlegt, ob sie sie fixieren oder ob sie Tiger um Hilfe bitten soll. Lena entschließt sich, mit Marie zu reden. Die Security erscheint beim ersten Zelt und Marie will sich übergeben. Lena schleppt sie in ein Wäldchen, wo sie sich erbricht.

Untröstliche Marie

Als es ihr besser geht, äußert Lena ihr Bedauern darüber, dass Jo nicht da ist und dass sie ihr von Jos Fehltritt erzählt habe. Es entwickelt sich ein ernstes Gespräch zwischen beiden. Marie bezeichnet ihr Leben als „Sackgasse" (S. 187) und erzählt, dass sie den Filialleiter nach einer Ausbildungsstelle gefragt habe und dass sie sich ihr Leben anders vorgestellt habe. Lena bestätigt, dass auch sie sich ihr Leben anders vorgestellt habe. Marie gesteht Lena, dass sie sie inzwischen sehr mag und dass sie es nicht für möglich gehalten hatte, dass sie Freunde werden würden. Lena fühlt sich schlecht.

Lenas Rache an Jo

Rückblick (Analepse): Der Filialleiter fordert Lena auf, einen Sack voller Pfandflaschen in den Hinterhof zu bringen. Durch die geöffnete Lagertür hört Lena ein Gespräch zwischen Otto und Jo. Der war auf einer kürzlich stattgefundenen Party betrunken mit einem Mädchen in einem Zimmer verschwunden. Lena hört, dass Otto Jo auffordert, dies Marie zu beichten. Jo verspricht, es Marie nach der wichtigen Mathearbeit zu sagen. Jo reißt die Tür auf und blafft Lena an: „Verzieh dich, Entenarsch." (S. 189) Lena sucht umgehend Marie zu Hause auf, die für die Mathearbeit büffelt. Sie erzählt ihr das auf der Party Vorgefallene. Marie ist tief enttäuscht.

Lena gesteht Marie, dass sie Jo aus Rache verraten hat. Marie muss sich erneut übergeben.

Zweites Kapitel (S. 190–212)

Marie kündigt an, nach Hause fahren zu wollen. Can sagt, dass die Clique dann die Suche nach Jo ohne sie fortsetzen werde.

Can fordert Lena zum Bleiben auf

Rückblick (Analepse): Am Vorabend waren Lena und Marie zum Wohnmobil zurückgekehrt. Marie hatte kein Wort mehr mit Lena gesprochen und sich sofort zurückgezogen. Lena hatte den Anderen von ihrem Verrat erzählt und ihre Abreise angekündigt. Can hatte ihr gesagt, dass sie nicht einfach so tun könne als sei nichts geschehen, und sie aufgefordert, nach Jo zu suchen. Die Clique hatte daraufhin einen Plan entwickelt.

Auf nach Ulm

Can setzt Marie davon in Kenntnis, dass sie nach Ulm fahren wollen, um dort Fünfzehn Cent zu suchen. Marie möchte wissen, ob alle mitmachen würden, wobei sie alle anschaut, nur Lena nicht. Dann fragt sie, wie sie nach Ulm gelangen sollen. Pavel schlägt die Bahn vor, doch die ist zu teuer und zu umständlich. Tiger schaltet sich in die Diskussion ein und bietet das Wohnmobil an, wobei sie die jungen Leute auffordert, sich beim Fahren abzulösen. Otto setzt sie davon in Kenntnis, dass nur Lena einen

Führerschein hat. Tiger reagiert skeptisch, woraufhin Can, Otto und Vika Tiger davon zu überzeugen versuchen, dass Lena eine gute Autofahrerin ist. Püppi erscheint und gemeinsam machen sie das Wohnmobil für die Abreise fertig. Tiger dreht mit Lena ein paar Proberunden und rät, nur Nebenstraßen zu benutzen.

Schließlich fahren sie los. Pavel prognostiziert, dass sie in fünf Stunden in Ulm sein werden. Sie fahren an Lenas abgestelltem Opel Corsa vorbei. Marvin befiehlt anzuhalten, steigt aus, tritt den Außenspiegel des Corsa ab und gibt ihn Lena zur Erinnerung. Lena verspricht Marie, die neben ihr auf dem Beifahrersitz sitzt, Jo zu finden. Um Mitternacht, nach neun Stunden Fahrt, erreicht die Clique Ulm. Lena parkt das Wohnmobil vor einem Baumarkt mit Fastfoodrestaurant. Die Clique außer Marie applaudiert. Lena versucht Vika zu sagen, dass sie Marie nicht verletzen wollte. Can, Otto und Marvin gehen zum Fastfoodrestaurant. Lena legt sich auf die Vordersitze, um auszuruhen. Irgendwann ist ihr, als würde sie Cans Finger auf ihrer Stirn spüren und seine Stimme hören, aber sie ist sich nicht sicher, ob sie nicht träumt.

Fahrt nach Ulm zu Fünfzehn Cent

Am nächsten Morgen macht sich die Clique auf die Suche nach Fünfzehn Cent. Lena bleibt beim Wohnmobil, wo ihr Yasmin Gesellschaft leistet. Ein Angestellter des Baumarkts macht sie nachdrücklich darauf aufmerksam, dass sie keine zwei Parkplätze blockieren können. Lena bastelt an einer passenden Antwort, als der Blick des Mannes auf das Logo der Blümchenschlüpper fällt und er sich als langjähriger Fan der Band outet. Er gestattet ihnen das Parken unter der Bedingung, dass sie die Blümchenschlüpper von Sebastian aus Ulm, damals „Rasta-Basta" (S. 203), grüßen. Lena und Yasmin verbringen den Vormittag zusammen auf dem Parkplatz, wobei Lena feststellt, dass Yasmin wirklich ein angenehmer Mensch ist.

Am Mittag informiert Pavel alle, dass er Fünfzehn Cent gefunden hat. Kurz darauf fahren er und Fünfzehn Cent auf einem Motorroller auf den Parkplatz. Die herbeieilende Marie befragt den 16-Jährigen nach Jo. Der nervöse Junge berichtet, dass Jo bis

Fünfzehn Cent ist gefunden

vor zwei Wochen bei ihm und seiner Oma gewesen war und dann ans Meer gewollt habe, welches Meer wisse er nicht. Dann geht er, da er seiner Großmutter weiter im Kiosk helfen muss. Otto, Vika und Fine treffen ein. Fine ist unruhig und Lena besucht mit ihr zur Ablenkung den Baumarkt, wo sie Spaß haben. Lena überlegt, an welchem Meer Jo sein könnte. Wieder zu den anderen zurückgekehrt, sagt sie, dass Jo an der Nordsee sei. Bevor sie ihnen ihre Vermutung erklären kann, erscheinen endlich auch Can und Marvin. Marie berichtet ihnen, was sie von Fünfzehn Cent erfahren hat und sagt, dass Jo am Mittelmeer sein könnte. Lena widerspricht ihr mit dem Argument, dass Jo früher mit seinen Eltern die Ferien an der Nordsee verbrachte.

Lena setzt sich von der Gruppe ab

Die Gruppe beschließt dennoch, Jo am Mittelmeer zu suchen. Lena schläft sehr unruhig, sie denkt an die Fotos von Jo zwischen Strandkorb und Eisdiele. Am Morgen macht sich die Gruppe zu den Personalwaschräumen des Baumarkts auf. Als Can Lena mit ihrem Koffer behilflich sein will, sagt sie, dass sie nachkommen werde, da sie noch den Ölstand kontrollieren müsse. Als die Anderen fort sind, setzt sich Lena hinter das Lenkrad des Wohnmobils und fährt los. Dem hinter dem Wohnmobil herlaufenden Can ruft sie zu, dass sie an die Nordsee fahren wird und sie sich im Hinterhof sehen werden. Sie schlägt den Weg nach Norden ein, wobei sie die Autobahn benutzt.

Teil 3

Erstes Kapitel (S. 215–220)

Lena fincet Jo

Lena bestellt ein Pistazieneis. Seit drei Tagen hält sie vergeblich Ausschau nach Jo und ist kurz davor aufzugeben. In dem Eisverkäufer erkennt sie Jo. Sie spricht ihn an, Jo lässt sich nichts anmerken. Nachdem er seine Schicht beendet hat, gehen sie zusammen ans Meer.

Orientierungsloser Jo

Lena berichtet Jo von der Suche nach ihm, von seiner Mutter und dem Fotoalbum, von Urs und seiner Schwester, dem Festival, von den Blümchenschlüppern und Fünfzehn Cent. Weiter berichtet sie, dass die Gruppe ihn am Mittelmeer vermutet. Jo erklärt, dass er nur wegwollte und dass er beim Großonkel von Fünfzehn Cent wohne. Lena realisiert, dass der sich ahnungslos gebende Fünfzehn Cent gelogen hat. Jo gesteht Lena, dass er gehofft habe, an der See etwas zu finden, was er vergessen habe. Lena registriert, dass Jo Hände unverletzt sind. Dann berichtet sie ihm von dem belauschten Gespräch mit Otto und dass sie ihn bei Marie aus Rache verraten habe. Jo steht auf und lässt Lena erst einmal sitzen. Schließlich kehrt er zu ihr zurück und äußert sich erstaunt über die Suche nach ihm. Lena erzählt ihm von den Umständen der Reise und von den Menschen, die sie getroffen haben. Dann macht sie ihm klar, dass er sie nie wieder „Entenarsch" nennen soll. Jo möchte wissen, ob Marie ihn wirklich noch sehen möchte. Lena antwortet, dass es Maries Wunsch sei, dass er sie zuerst sieht, und gibt ihm eine Dose Erbsen. Auf Lenas Frage, ob er mit ihr zurückfahren wolle, gibt Jo ihr statt einer Antwort seine aktuelle Handynummer. Am nächsten Tag tritt Lena die Rückreise an – ohne Jo, der ihr sagt, dass er noch nicht zurückkönne. Lena erinnert ihn daran, dass die Clique für ihn bis ans Mittelmeer gefahren wäre. Dann geht sie zum Strand. Sie schreibt „Entenarsch" in den Sand und schaut zu, wie das Wasser das Wort verschwinden lässt.

Zweites Kapitel (S. 221)

Lena parkt vor dem Hinterhof. Auf ihrem Handy findet sie 83 neue Nachrichten. Die aktuellste Nachricht ist von Can, in der er ihr schreibt, dass sie fehle: „Bei Licht und überhaupt." (S. 221) Lena trifft Achmad und betritt den Hinterhof, auf dem nun ein Aussichtsturm steht. Sie klettert hinauf und hört Pavels Stimme: „Man muss doch mal weit gucken … das braucht man doch mal." (S. 221)

Lenas Rückkehr

3.3 Aufbau

Zusammenfassung

Der Roman *Nach vorn, nach Süden* besteht aus drei Teilen:

- Der erste Teil umfasst vier Kapitel.
- Der zweite Teil beinhaltet zwei Kapitel.
- Der dritte und letzte Teil besteht aus zwei Kapiteln, von denen das letzte wie eine „Vignette" anmutet.

Die Handlung des Romans ereignet sich im Sommer eines nicht genannten Jahres. Der Roman setzt unvermittelt (*in medias res*) ein und baut sich aus erzählerischer Gegenwart und Rückblenden (Analepsen) auf. Die Autorin Sarah Jäger erzählt also in *Nach vorn, nach Süden* nicht chronologisch.

Textoberfläche

Der Roman *Nach vorn, nach Süden* besteht aus drei Teilen und beginnt unvermittelt (*in medias res*[30]). Der erste Teil umfasst vier Kapitel, der zweite Teil zwei Kapitel und der dritte Teil zwei Kapitel, von denen das letzte Kapitel fragmentarisch ist und daher wie eine „Vignette" wirkt.

Fragmentarisches letztes Kapitel

Vignetten sind, der literaturwissenschaftlichen Definition gemäß, kurze Szenen, die auf einen Moment verweisen oder einen Eindruck über eine Figur oder einen Ort vermitteln. Üblich sind sie als Bestandteile von Theaterstücken und Drehbüchern, allerdings findet man sie auch als strukturbildende Merkmale in erzählenden (narrativen) Texten wie *In Our Time* von Ernest Hemingway, einer 1925 erschienenen Anthologie von Kurzgeschichten, oder in dem Jugendroman *Blackbird* von Matthias Brandt (2019). Ein mit einer Vignette abschließender Roman der Weltliteratur ist *Jacob's Room* (1922, dt. *Jacobs Zimmer*) von Virginia Woolf. Die den dritten Teil des Romans *Nach vorn, nach Süden*

---

30 *in medias res*: lat; sofort zur Sache kommen

abschließende Vignette fängt als Moment Lenas Rückkehr auf
den Penny-Hinterhof ein, inklusive dem Eingang von „83 neue[n]
Nachrichten" (S. 221), was den Moment zu einem besonderen
Augenblick für die Hauptfigur Lena macht.

Pfeilgrafiken

Die drei Romanteile von *Nach vorn, nach Süden* sind durch
jeweils eine **Pfeilgrafik** im Buch voneinander abgesetzt. Diese
drei Pfeilgrafiken haben eine zweifache Bedeutung. Einmal geben
sie die jeweilige **geografische Reiserichtung** an. Im ersten Teil
des Romans verläuft die Fahrt vom Ruhrgebiet (zunächst) ins
Westfälische, also auf der topografischen Karte nach rechts in
Richtung Osten. Im zweiten Teil des Romans geht die Reise direkt
ins hessische Fulda und dann nach Ulm, also Richtung Süden,
der Pfeil weist dementsprechend nach „unten". Im letzten Teil
des Romans fährt Lena mit dem Reiseziel Nordsee nach Norden,
entsprechend weist der Pfeil nach „oben".

Lenas
Entwicklung

Diese Richtungsanzeigen korrespondieren mit Lenas Verhalten bzw. ihrer persönlichen Entwicklung. Der nach rechts weisende Pfeil steht für **Lenas Ausbruch aus ihrem bisherigen Leben** (vgl. S. 91) inklusive der Entscheidung zum Studienabbruch
(S. 116). Die nach unten weisende Pfeilrichtung symbolisiert den
persönlichen **Tiefpunkt Lenas**: Ihr verheimlichter eigennütziger
Verrat Jos, der zu Maries Bruch mit Jo und letztlich zu dessen Verschwinden führt (vgl. S. 188–189). Der aufwärts gerichtete Pfeil
symbolisiert Lenas neues Selbstverständnis und **Selbstbewusstsein**, das sie mit einem Kapitel ihres Lebens abschließen lässt:
„Ich gehe noch einmal zum Strand, schreibe ‚Entenarsch' in den
Sand und sehe zu, wie der Name im Meer verschwindet." (S. 220)

Die Grundstruktur der Handlung (*story*)

- Jo nennt Lena „Entenarsch".
- Lena rächt sich und erzählt Marie von Jos Seitensprung.
- Marie trennt sich von Jo.
- Jo verschwindet aus der Stadt.
- Marie beschließt, Jo zu suchen.

- Lena bietet sich als Fahrerin an.
- Nach und nach beteiligt sich die gesamte Hinterhofgruppe an der Suche nach Jo.
- Die Suche droht zu scheitern: Nordsee oder Mittelmeer?
- Lena setzt sich von der Gruppe ab und findet Jo.

Die oben schematisch dargestellte *story* und der die Handlung erklärende *plot* werden von Sarah Jäger nicht in einer zeitlichen Kontinuität erzählt. Durch die Verwendung von **Analepsen**[31] teilt Jäger den Ablauf der Ereignisfolge in verschiedene Zeitebenen auf.

story und *plot* in der Literaturwissenschaft

story

Mit den Begriffen *story* und *plot* werden zwei Erzählebenen benannt und unterschieden. Die *story* umfasst alle Einzelereignisse, Geschehnisse und Handlungen, betrachtet diese aber als unverknüpft und unverbunden, sodass unter dieser Betrachtungsweise **die einzelnen Elemente als Reihe** angesehen werden können. Mit anderen Worten: Die *story* beschreibt die Folge der Ereignisse, das Was.

plot

Der *plot* umfasst dieselben Einzelelemente, allerdings in einer **je spezifischen Verknüpfung**. Arten solcher *plot*-Verknüpfungen sind u. a. kausale Zusammenhänge, aber auch Handlungsmotivationen der Figuren, also das Warum.

Die narrative Chronologie in *Nach vorn, nach Süden* entspricht nicht der der *story*, die chronologische Ordnung der Ereignisfolge ist durch den erzählerischen Einsatz von Analepsen umgestellt.

Chronologische Struktur

Die Romanhandlung wird **nicht chronologisch erzählt**, in einigen Kapiteln erscheinen Analepsen[32]. Mit einer Analepse wird

---

31 Analepse: Rückblende.
32 Hier werden nur die Analepsen aufgeführt, die für das Verständnis der Romanhandlung notwendig sind.

ein Ereignis nachträglich dargestellt, das zu einem früheren Zeitpunkt stattgefunden hat als dem, bei dem sich die Erzählung gegenwärtig befindet.

Bei den **Analepsen** wird unterschieden zwischen aufbauenden und auflösenden Analepsen. Bei den auflösenden Analepsen wird am Ende der Erzählung ein zunächst lückenhaft dargestelltes Ereignis nachträglich so vervollständigt, dass das bislang Erzählte in einem neuen Licht erscheint. Aufbauende Analepsen sind solche, die durch die **nachträgliche Ergänzung von Ereignissen** einen Handlungszusammenhang entstehen lassen. Jäger arbeitet mit aufbauenden Analepsen. Sie erscheinen im ersten und zweiten Teil des Romans.

Aufbauende Analepsen bei Sarah Jäger

Eine erste aufbauende Analepse ist jene, die die jeweiligen Reisevorbereitungen, den Abschied und den Reisebeginn schildert (vgl. Teil 1, Kapitel 2, S. 27–30). Durch diese Analepse wird dem Leser **Hintergrundwissen** besonders über Lena, Otto und Vika vermittelt. Außerdem erfährt der Leser, dass Jo der Urheber von Lenas Spitzname „Entenarsch" ist, dass er verschwunden ist und dass Lena dabei eine Rolle gespielt hat (vgl. S. 29).

Hintergrundwissen

In einer weiteren Analepse erfährt der Leser den Grund, warum Jo Lena „Entenarsch" nannte, nämlich Lenas Vermutung, dass Can in Marie verliebt sein könnte (Teil 1, Kapitel 3, vgl. S. 56):

> „Damals wusste ich ja noch nicht, dass Jo in Marie verliebt war. Vielleicht habe ich was geahnt. Vielleicht habe ich es auch deshalb gesagt. Um zu sehen, wie er reagiert. So genau weiß ich es nicht mehr. Ich wünschte mir nur, ich wäre damals einfach zur Kasse gegangen und hätte Jo mit seinen verdammten Gemüsekonserven alleine gelassen. Habe ich aber nicht. ‚Wen interessiert's?', pöbelt Jo mich an. Und nennt zum ersten Mal meinen neuen Namen. ‚Entenarsch.'" (S. 56)

3.3 Aufbau

AUFBAU

TEIL 1	TEIL 2	TEIL 3
Kapitel 1: ■ Marie beschließt, Jo zu suchen. ■ Can schließt sich an, Lena bietet sich als Fahrerin an. **Kapitel 2:** ■ Aufbruch nach Münster **Kapitel 3:** ■ Übernachtung bei Matthes in Münster ■ Gespräch mit Jos Mutter in Münster ■ Weiterreise nach Fulda zu Urs Behrenberg **Kapitel 4:** ■ Vertrautes Gespräch zwischen Lena und Can ■ Fete bei Bjarne ■ Rückkehr in den Hinterhof ■ Lena bricht das Studium ab.	**Kapitel 1:** ■ Erneuter Aufbruch nach Fulda, Vika schließt sich mit Fine an. ■ Sie erreichen das Festivalgelände bei Fulda und treffen auf den Rest der Clique (außer Leroy). ■ Can ermutigt Lena zu mehr Selbstbewusstsein. ■ Lena entwickelt Marie gegenüber ein schlechtes Gewissen. ■ Jo kommt nicht. **Kapitel 2:** ■ Die Gruppe fährt nach Ulm zu Fünfzehn Cent und beschließt, Jo am Mittelmeer zu suchen. ■ Lena ist sich sicher, Jo an der Nordsee zu finden und fährt allein dorthin.	**Kapitel 1:** ■ Lena findet Jo. **Abschluss:** ■ Lenas Rückkehr in den Hinterhof

↑ ↑ ↑ ↑ ↑

Analepse 1 Kapitel 1 Jos Verschwinden	Analepse 2 Kapitel 3 Jo nennt Lena erstmals „Entenarsch".	Analepse 3 Kapitel 1 Lena und Can verlieben sich ineinander.	Analepse 4 Kapitel 1 Lenas Rache an Jo	Analepse 5 Kapitel 2 Lena erzählt der Clique von ihrer Tat.

Ebenfalls durch eine Analepse erfährt man im Text, dass Lena und Can sich ineinander verliebt haben, sodass man die sich veränderte Situation zwischen den beiden Personen nachvollziehen kann (vgl. Teil 2, Kapitel 1, S. 165–166).

Die die Handlung **aufschlüsselnde und erklärende Analepse** ist jene, in der der Leser sowohl Lenas Rache an Jo und ihrem

Lenas Rache an Jo: Marie erfährt das Geheimnis von Lena

dabei rücksichtlosen Umgang mit Marie erfährt (vgl. Teil 2, 1. Kapitel, S. 188–189).

Ebenfalls durch eine Analepse wird **Lenas Geständnis** gegenüber der Clique dargestellt, ihr Plan nach Hause zu fahren und Cans Intervention (vgl. Teil 2, 2. Kapitel, S. 191–192; Analepse 5).

Diese Kombination aus erzählerischer Gegenwart und aufbauenden Analepsen konstituiert die Romanstruktur in *Nach vorn, nach Süden*.

3.4 Personenkonstellation und Charakteristiken

Zusammenfassung

Lena
- verursacht Trennung von Marie und Jo
- gewinnt Selbstbewusstsein und Klarheit über sich selbst

Can
- Maries guter Freund
- verliebt sich in Lena

Marie
- Jo Weuners Ex-Freundin
- vermisst ihn und macht sich auf die Suche nach ihm

Die übrigen Mitglieder der **Penny-Hinterhof-Clique**:
- **Jo Weuner**: Maries verschwundener Ex-Freund
- **Vika**: Ottos Ex-Freundin und Mutter von Fine
- **Otto**: Fines Vater; Mitglied der Band „Blümchenschlüpper"
- **Pavel**: intelligent und sozial
- **Leroy**: verliebt sich in Pavel
- **Marvin**: Leroys Bruder; hat ein Gewaltproblem
- **Yasmin**: Ottos neue Freundin

Weitere **Nebenfiguren** sind:
- Achmad: Freund von Can
- Matthäus (Matthes): Penny-Marktaushilfe in Münster
- Jos Eltern: leben getrennt
- Lenas Eltern: erzogen Lena zu einem ängstlichen Menschen
- Urs Behrenberg: Jos Freund lebt in Fulda
- Bjarne: Freund von Urs
- Fünfzehn Cent: Jos Freund lebt in Ulm
- Mitglieder der „Blümchenschlüpper" (Ottos Punkband)

Hauptfiguren

Lena

Lena[33] ist 19 Jahre alt, zu Beginn der Handlung Lehramtsstudentin (vgl. S. 132) und jobbt als Aushilfe in einem Penny-Markt (S. 92) im Ruhrgebiet.

Sie ist in guten wirtschaftlichen Verhältnissen und einem auf Sicherheit bedachten Elternhaus aufgewachsen (vgl. S. 90 und 118): Ihre Eltern sind für die Rentenversicherung tätig (S. 27), ihr Großvater verkaufte auch schon Versicherungen (S. 45). Lena bewohnt eine eigene kleine Wohnung und erhält finanzielle Unterstützung durch ihre Eltern, die in der gleichen Stadt wohnen (S. 118).

Lena wirkt unselbständig und scheint Angst vor dem Leben zu haben, weshalb sie mit dem von den Eltern zum Abitur geschenkten Auto und dem zum Geburtstag geschenkten Rollkoffer als Symbole für Freiheit und Abenteuer (vgl. S. 27) zunächst nichts anfangen kann. Kindliche Vergnügungen waren im elterlichen pädagogischen Konzept nicht vorgesehen, so isst Lena erstmals auf dem Festival Zuckerwatte, was für sie ein emanzipatorischer Akt ist (vgl. S. 161). Ebenso wie der in den Augen ihrer Eltern schlecht geplante Roadtrip mit der Hinterhof-Clique: „Ja, ich bin eine Rebellin. Schon irgendwie, oder?" (S. 91)

Lebensangst

Ob ihre Entscheidung für ein Lehramtsstudium (S. 132) eine freiwillige war oder ob sie die Erwartungen der Eltern erfüllen wollte, bleibt offen. Klar ist aber, dass Lena ihre Entscheidung bereut und deshalb das Studium nach einem frustrierenden Praktikum (S. 132) abbricht, ohne einen weiteren Plan für die Zukunft zu haben (S. 116).

Steht im Schatten der Eltern

---

33 Siehe dazu auch Kapitel 3.7, Interpretationsansätze: *Nach vorn, nach Süden* als Entwicklungsroman, sowie Kapitel 6, Prüfungsaufgaben mit Musterlösungen, Aufgabe 2.

3.4 Personenkonstellation und Charakteristiken

Die hessische Stadt Fulda mit ihrem barocken Dom St. Salvator (im Bild) besucht die Hinterhof-Clique um Lena gleich zweimal.
© picture alliance / Bildagentur-online/Celeste

„Mein Vater wird vielleicht den Kopf schütteln und sagen: ‚Das haben wir aber anders geplant‘, und meine Mutter wird nur den Kopf schütteln, ohne etwas zu sagen [...].“ (S. 118)

Die Enttäuschung der Eltern und die Schweigsamkeit der Mutter nimmt sie dabei in Kauf. Allerdings hofft sie, nicht wieder bei ihnen wohnen zu müssen (vgl. S. 118), da das Verhältnis zu ihren Eltern trotz allem schwierig scheint (S. 91).

Lena ist unsicher und möchte dazugehören (vgl. S. 187)

Zu Beginn der Handlung ist Lena ohne jedes Selbstwertgefühl und Selbstbewusstsein. So unterstellt sie Marie, nur mangels Alternativen das Gespräch mit ihr zu suchen (S. 55). Als sie mit Can und Marie Münster erreicht, fühlt sie sich wie eine Pilotin nach dem ersten Atlantikflug. Was im Grunde genommen ein

SARAH JÄGER

trivialer Akt ist, nämlich eine Autofahrt von A nach B, erfüllt sie mit großem Stolz (S. 44), weil sie ihr Auto trotz Führerschein bisher nicht nutzte.

Es darf vermutet werden, dass sich Lena dem Leben in seiner Komplexität nicht gewachsen fühlt und einen Kontrollverlust fürchtet, was metaphorisch wie folgt im Roman ausgedrückt wird:

> „Ich könnte ihr noch erklären, warum das mit der Autobahn-auffahrt nicht geht. Rückspiegel, Seitenspiegel, vorne, hinten, Seite, Schulterblick, Geschwindigkeit, alles muss man unter Kontrolle haben und das habe ich doch nie." (S. 55–56)[34]

Lenas Haltung den Mitgliedern der Hinterhof-Clique gegenüber ist zunächst ambivalent. Obwohl sie weiß, dass sie nicht sonderlich gemocht wird, sucht sie deren Nähe (vgl. S. 187) und bietet sich als Fahrerin auf der Suche nach Jo an (vgl. S. 24), um einfach dabei zu sein. Ihre Gefühle den jungen Leuten gegenüber reichen von Neid bis annähernd Verachtung: Pavel neidet sie, dass er „unser Pavel" genannt wird (S. 12), auf Vika schaut sie hinab (S. 81). Später wird Lena ausgerechnet Vika ihr Herz ausschütten (S. 131–132) und sich darüber freuen, von ihr bewundert und für intelligent gehalten zu werden (S. 131).

> „Niemand hebt den Kopf, nicht jeder wird im Hinterhof vermisst." (S. 9)

Häufig verhält sich Lena in der Hinterhof-Gruppe verletzend, so als sie vor der versammelten Clique darauf hinweist, dass Can, in den sie sich im Verlauf der Reisen verlieben wird, schon einmal durch das Abitur gefallen ist (vgl. S. 19). Seine Antwort darauf lässt tief blicken: „‚Ach Entenarsch', seufzt Can und wiegt den Kopf hin und her. ‚Das war so klar. Immer den Finger in die Wunde legen.'" (S. 19) Auch nach der Übernachtung in Matthes' Wohnung übt sie Kritik anstatt sich dankbar zu zeigen (S. 60).

> „Ob ich zum Entenarsch geworden bin, weil ich so genannt werde. Oder ob ich so genannt werde, weil ich einer bin." (S. 115)

---

34 „Kein Plan", würde Marvin sagen (vgl. S. 147).

3.4 Personenkonstellation und Charakteristiken

Als Jo den Spieß umdreht und ihr den Spitznamen „Entenarsch" (S. 56) gibt, ist Lena dann zutiefst verletzt:

> „Jo ist die erste Person gewesen, die mich Entenarsch genannt hat. Das werde ich wohl nicht vergessen, das werde ich immer wissen, und das werde ich ihm auch nie verzeihen." (S. 29)

Lena verrät Jo an Marie: Marie trennt sich von Jo

Sie rächt sich an ihm, indem sie Jos Seitensprung seiner Freundin Marie verrät. Und das noch vor einer wichtigen Matheprüfung (S. 188–189), wobei sie vorgibt, Marie schützen zu wollen. Als Pavel sie nach der Rückkehr von der ersten Reise wieder mit dem verhassten Spitznamen „Entenarsch" anspricht, reagiert Lena deprimiert, hatte sie doch gehofft, nun endlich von der Gruppe respektiert zu werden (S. 111–112).

Lena wird selbstbewusster

Sie erreicht dieses Ziel, indem sie ihr Denken und ihr Verhalten ändert. Zunächst will sie aus Gründen des Eigennutzes Jo gar nicht finden (vgl. S. 101), doch diese Haltung hält sie angesichts der leidenden Marie nicht durch. Ihre Unaufrichtigkeit belastet Lena und schließlich macht sie reinen Tisch mit sich und Marie, und gesteht Marie die wahren Gründe für ihr Tun (vgl. S. 188–189). Mehr noch, sie beweist Mut und gesteht ihren Verrat auch den anderen Mitgliedern der Clique, was sie verletzbar macht (S. 191): Sie fürchtet, nach ihrer Beichte aus der Gruppe wieder ausgeschlossen zu werden.

Lena und Can

Den entscheidenden Schritt in Sachen Wiedergutmachung macht Lena, als sie sich gegen den Beschluss der Gruppe, Jo am Mittelmeer zu suchen, stellt und zur Nordsee aufbricht (S. 211). Vermutlich ist dies die erste selbständige Entscheidung in ihrem Leben, inspiriert und animiert durch Can, der sie zu mehr Selbstbewusstsein ermutigt (S. 170) und an ihr Verantwortungsbewusstsein appelliert (S. 192). Lena selbst will „nicht mehr verletzen und nicht mehr zerstören" (S. 218).

Nach dem Ende ihres Roadtrips hat Lena sowohl Jo gefunden als auch an Selbstwertgefühl gewonnen, sodass sie Jo klipp und klar verbietet, sie weiter bei ihrem Spitznamen „Entenarsch" zu nennen: „Ich sehe ihn an und sage ihm, dass er mich nie wieder Entenarsch nennen soll. Nie wieder." (S. 219)

Nicht zuletzt ist Lena auch eine bessere Autofahrerin geworden. Für die Fahrt an die Nordsee wählt sie erstmals die Autobahn (S. 212). Sie hat das Wohnmobil und auch ihr Leben im Blick. Sich ihrer selbst, ihrer Fahrkünste und ihres Triumphes sicher, kann sie nach ihrer Rückkehr ganz entspannt den Hinterhof betreten, was vorher nicht möglich gewesen war. Sie registriert den neuen Ton, den Can setzt, als er sie in seiner Nachricht in der Hinterhof-Gruppe bei ihrem Vornamen nennt und öffentlich zugibt, dass sie im Hinterhof vermisst wird und dass sie ihm ganz persönlich fehlt:

Symbol „Autobahn"

„Lena,
was macht die Nordsee?
Du fehlst.
Bei Licht und überhaupt.
Soon arrow
Play button" (S. 221)

Can

Can ist 19 Jahre alt (S. 9), steht zum zweiten Mal vor dem Abitur und jobbt ebenfalls als Aushilfe bei Penny. Die Ich-Erzählerin bemerkt sein Charisma: „Can ist immer der Erste, den man sieht. Es gibt ja so Menschen. Die kommen in den Raum, und alles wirft Funken." (S. 9) Entsprechend gibt Can den Sonnyboy und Womanizer (vgl. S. 20 f. und S. 54 ff.). Nichts scheint er ernst zu nehmen, nicht einmal die Ausfälle und Drohungen des gewaltbereiten Marvin (z. B. S. 16–17). Can produziert sich gern, so auch am Grill: „Mit großer Geste wendet er Würstchen und Gemüse." (S. 9) Dabei stehen Geste und Können manchmal im Missverhältnis zueinander, denn Würstchen (vgl. S. 17, vgl. S. 53) und die auf Bjarnes Fete gegrillten Marshmellows (S. 106) gelingen ihm nicht.

Spielt den Sonnyboy

3.4 Personenkonstellation und Charakteristiken

Gleichwohl ist Can aufmerksam und zuvorkommend, so hilft er in der hessischen Provinz einer auf einen Rollator angewiesenen alten Dame in den Bus (vgl. S. 133). Ein wesentliches Charaktermerkmal Cans aber ist seine Geschwätzigkeit:

> „‚Umdrehen? Ernsthaft?‘, Can hält nicht die Klappe. Natürlich hält Can nicht die Klappe, den könnte man in den Kofferraum sperren, gefesselt, geknebelt und sediert, der würde trotzdem nicht still sein." (S. 26)

Sein älterer Bruder ist gestorben: Can fühlt sich wie Sisyphos[35]

Vor dieser Geschwätzigkeit ist niemand sicher, die Bäckereifachverkäuferin in Fulda nicht (vgl. S. 81), besagte alte Dame nicht und andere Penny-Aushilfen auch nicht (vgl. S. 8). Dieses Reden ist zwanghaft und eine Reaktion auf den Tod seines älteren Bruders (vgl. S. 96), wie er Lena gegenüber bekennt. Can soll anstelle seines toten Bruders Abitur machen und will den Rollenerwartungen seiner Familie entsprechen, was ihn überfordert:

> „Für meine Geschwister bin ich der große Bruder. Doch ich werde nie der älteste Sohn sein. Ich bin wie dieser Typ, der einen Stein den Berg hochrollen will. Ich kann es nicht schaffen." (S. 97)

Can weiß genau, was Verlust bedeutet, und entsprechend tritt er bei Jos Mutter auf (vgl. S. 67). Unverblümt unterstellt er ihr, sich nicht mehr für ihren Sohn zu interessieren (vgl. S. 66).

Can macht sich Sorgen um Marie

Für Marie ist Can ein ermutigender, vorbildlicher Freund (vgl. S. 55, 73 und 140). „Bevor Can Marie auf die Zehen tritt, hackt er sich seine eigenen ab. So pathetisch ist die Freundschaft zwischen Can und Marie." (S. 21) Ob Can mehr für Marie als Freundschaft empfindet und mit ihr zusammen sein möchte, bleibt lange offen

---

35 Griech. Mythologie: Sisyphos ist dazu verurteilt, einen Felsblock einen Berg hinaufzurollen, der kurz vor dem Gipfel wieder hinabrollt.

SARAH JÄGER

(vgl. S. 140, 166 und 169). Lena ist neugierig, ob etwas zwischen Can und Marie läuft, und das bringt ihr von Jo den Spitznamen „Entenarsch" ein (S. 56). Mit Cans Behauptung, dass Jos Mutter eine Schlüsselrolle zukomme (vgl. S. 50), gibt er der Suche nach Jo einen wichtigen Impuls, der letztlich dazu führt, dass Lena, als die Suche ein Misserfolg zu werden droht, an die Nordsee fährt.

War Cans Einstellung zu Lena zu Beginn der Handlung ablehnend („Marie, die ist doch wirklich – " S. 32), ändert sich dies im Verlauf der Handlung: Er verliebt sich in sie, was ihn erst einmal verunsichert (vgl. S. 167–168). Mehr noch, er wird eine Schlüsselfigur für sie, denn er spricht ihr mangelndes Selbstwertgefühl an:

> „‚Vielleicht solltest du langsam mal kapieren, dass du gar nicht so kacke bist, wir du denkst.' Can kämpft sich auf die Beine und schwankt davon." (S. 170)

Can ist auch derjenige, der in Lena den Ehrgeiz auslöst, Jo zu finden (vgl. S. 192). Nach ihrer Rückkehr nennt er Lena zum ersten Mal beim Vornamen und gibt vor allen in der Hinterhof-Gruppe zu, dass er sie vermisst (S. 221).

Can und Lena

Marie

Marie ist eine „Putzfrauentochter" (S. 108), ebenfalls Aushilfe bei Penny, und hat die Realschule soeben abgeschlossen (vgl. S. 9). Sie ist auch die Ex-Freundin von Jo, mit dem sie die Beziehung beendet hat, nachdem sie von Lena erfahren hat, dass er ihr auf einer Party untreu war. Nachdem Jo verschwunden ist und auch keine Postkarten mehr schreibt („nicht mal an meinem Geburtstag" S. 54), möchte Marie ihn suchen.

Die Ich-Erzählerin beschreibt Marie als durchweg positiv und sehr sympathisch: „Der Mensch muss kein Heiliger sein, er muss nur so sein wie Marie. Dann wäre die Welt vielleicht noch zu

Ex-Freundin von Jo

Marie lackiert Nägel, wenn sie nervös ist

retten." (S. 10) Als Lenas Auto liegenbleibt, reagiert Marie, als ginge es um ein Lebewesen: „,Was hat er denn?', fragt Marie, weil sich Marie immer um alle sorgt. Auch um kaputte Autos." (S. 142) In der Tat erlebt der Leser Marie als einen auf Ausgleich bedachten jungen Menschen mit sehr viel Geduld, vor allem gegenüber Lena (vgl. z.B. S. 32). Die Geduld ist aber wohl nicht ganz uneigennützig, denn Lena – inklusive eigenem Auto und Führerschein – ist Maries große Hoffnung, Jo zu finden. Auch für Vika und ihre Probleme hat Marie immer ein offenes Ohr (S. 10 f.). Deshalb entscheidet sie, dass Vika und Fine auch mit auf das Festival fahren: „Die Vika, die muss mal raus […]." (S. 125)

Betrachtet Lena schließlich als Freundin

Marie ist ein sehr klarer Mensch mit eindeutigen Positionen, die sie entschieden vertritt, so auch Jos Mutter gegenüber, der sie das Verlassen ihres Sohnes nicht verzeihen kann (vgl. S. 66). Diese Klarheit zeigt sie auch gegenüber Lena, als diese ein gewisses Verständnis für Frau Weuner zeigt:

> „,Nein, ich will das jetzt klären', Marie dreht sich zu mir und schaut mich fest an. […] ,Dass sie keinen Bock mehr auf ihre Ehe hatte, geschenkt, soll sie den Mann abschießen, kein Ding, aber ihren Sohn da alleine zu lassen, bei diesem zutiefst fertigen Menschen, das geht gar nicht.'" (S. 74)

Marie navigiert das Auto

War Lena für Marie zunächst nur ein notwendiges Übel, der sie nicht allzu viel Sympathien entgegenbrachte (vgl. S. 187), ändert sich das während ihrer Suche nach Jo. Im Verlauf der Roadtrips beginnt sie Lena ernst zu nehmen. Sie entschuldigt sich bei ihr dafür, dass sie „ungeduldig, genervt, so schlecht gelaunt" (S. 54) ist und bedankt sich, dass Lena den Chauffeur gibt (vgl. S. 56), während sie die Route vorgibt. Mehr noch, Marie schenkt Lena ihr Vertrauen und erzählt ihr von ihrer Angst um Jo (vgl. S. 55). Sie zeigt Lena sogar das von Jo geschriebene Elfchen (S. 57). Kurz gesagt, sie beginnt, Lena wie eine gute Freundin zu behandeln:

„Marie lächelt mich erschöpft an. ‚Inzwischen habe ich dich voll gern, nur damit du es weißt', sagt sie: ‚Hätte ich nie gedacht, dass wir diesen Sommer Freunde werden." (S. 187)

Damit ist es vorbei, als Marie, die bisher an Lenas Loyalität geglaubt hatte (vgl. S. 186), von Lenas wahrer Motivation für ihren Verrat an Jo erfährt. Die mit der Ich-Erzählerin identische Lena berichtet:

> Von Lena tief enttäuscht

„Marie hört auf, Yasmins Fußnägel zu lackieren, sie schiebt sich ein Stück nach hinten, damit sie alle der Reihe nach ansehen kann. Nur mich nicht. Natürlich sieht sie mich nicht an." (S. 193)

Marie sucht Jo mit Entschlossenheit und Optimismus, wobei sie mitunter an ihre psychischen Grenzen gerät, so bei Jos Mutter (vgl. S. 67). Sie will Jo unbedingt finden und so überlagert ihr Wunschdenken die Faktenlage angesichts der Aussicht, dass Jo bei dem Festival auftauchen könnte (S. 101). Als Jo entgegen ihrer großen Hoffnung nicht zum Festival kommt, betrinkt sie sich und reagiert vollkommen verzweifelt (S. 183–185). Nichtsdestotrotz gibt sie die Suche nicht auf und wäre mit der Clique ans Mittelmeer gefahren, wäre Lena nicht zur Nordsee aufgebrochen (vgl. S. 193).

Obwohl Marie die Beziehung zu Jo beendet hat, kommt sie nicht von ihm los und vermisst ihn. Sie ist an einem Punkt in ihrem Leben, an dem sie Orientierung sucht. Die Schule ist genauso beendet wie ihre Beziehung zu Jo. Schließlich überlegt Marie, eine Ausbildung bei Penny machen, richtig begeistert ist sie darüber aber nicht: „Ich habs mir immer anders vorgestellt, das Leben […]." (S. 187) Ebenso wie Lena und andere Jugendliche muss sie nun „in die Ferne sehen" und Zukunftspläne schmieden.

3.4 Personenkonstellation und Charakteristiken

Nebenfiguren

Hinterhof-Clique

Jo Weuner

Der mürrische Jo ist eine Penny-Markt-Aushilfe und dort Fachkraft für Erbsenkonserven (vgl. S. 56). Außerdem ist er der Urheber von Lenas Spitzname „Entenarsch" (S. 56) und seit einiger Zeit schon Maries Ex-Freund.

Zu Beginn der Handlung ist er „sechzehn Jahre alt, seit einem halben Jahr verschwunden" (S. 29). Er wird von der Clique, aber vor allem von Marie, vermisst, und gleich einer kultischen Handlung bleibt sein Platz auf dem Hinterhof nach seinem Verschwinden unbesetzt (S. 10). Seine Arbeitskollegen trauen ihm allerdings auch einen Mord zu (S. 17), was für einen grundsätzlich gewalttätigen Charakter spricht. Bis zu seinem Verschwinden hatte Jo bei seinem arbeitslosen Vater gelebt, der in erster Linie mit seinem eigenem Leben überfordert war und sich wenig um Jo kümmerte (vgl. S. 65). Jo kennt keine Zuwendung, und umso überraschter reagiert er gegenüber Lena, als die ihm von der Suche nach ihm berichtet:

> „‚Und ihr habt mich alle gesucht‘, sagt Jo irgendwann in die Stille hinein.
> ‚Sogar Yasmin und Marvin, und die kennen dich noch nicht einmal.‘
> ‚Verrückt.‘" (S. 219)

Jos Familiengeschichte ist bedrückend, so findet er bei seinem Vater keinerlei Verständnis für seine Lese- und Rechtschreibschwäche in der 1. Klasse (vgl. S. 70). Auch die Mutter ist ihm mit ihrem gut gemeinten Elfchen keine wirkliche Hilfe (vgl. S. 70). Als Jo zwölf Jahre alt ist, verlässt sie Mann und Kind: Für ihren Sohn schreibt sie einen Brief anstatt sich ihm zu erklären oder ihn mit sich zu nehmen: Ihr neuer Freund will das Kind nicht (S. 72). Auf die Flucht der Mutter zu ihrem Lebensgefährten

Henry reagiert Jo in seiner Verzweiflung mit autoaggressivem Verhalten und fügt sich Brandwunden zu:

> „‚Er hat schon öfter‘, sagt Marie, ‚also er wollte sich nicht umbringen oder so, aber er hat sich immer wieder … du weißt schon.‘
> ‚Seine Hände‘, sage ich, weil mir die Mullbinden einfallen, die ständig um Jos Hand gewickelt waren.
> ‚Mit einem Feuerzeug. Das hatte er immer dabei.‘“ (S. 55)

Damit kehrte Jo sein inneres Leiden nach außen. Seiner Mutter schickt er Elfchen, die zugleich hasserfüllt und tieftraurig sind (S. 69), von rührender Zartheit ist dagegen das Elfchen, das Jo Marie schickte (S. 57). Die Beziehung zu Marie ist ein Lichtblick in seinem Leben, trotzdem betrügt er sie (S. 137). Er nimmt sich vor, ihr den Betrug zu gestehen, allerdings erst nach ihrer Mathematikarbeit, weil er weiß, wie wichtig diese für Marie ist (S. 188). Mit Lenas Rachefeldzug hat er nicht gerechnet und so erfährt Marie die Wahrheit nicht von Jo selbst, was sie ihm nicht verzeihen kann.

Tieftraurig

Nach Maries Trennung von ihm verschwindet Jo zunächst in den Süden der Republik, „Fulda, Frankfurt, Würzburg, Ulm, Freiburg“ (S. 27). In Fulda wohnt er zwei Wochen bei der Familie von Urs Behrenberg (S. 100), in Ulm trifft er sich mit Fünfzehn Cent, um schließlich an die Nordsee zu fahren, wo er als Kind glücklich gewesen war (S. 68). Dort jobbt er als Eisverkäufer (S. 215) und versucht zur Ruhe zu kommen, allerdings vergeblich:

> „‚Ich habe gedacht, vielleicht finde ich hier irgendwas‘, Jo schaut auf das verschwundene Meer […], ‚das ich vergessen hab.‘
> ‚Und?‘
> ‚Nein, nichts.‘“ (S. 217)

Als Lena ihm die gemeinsame Rückfahrt anbietet, lehnt er ab: „,Ich kann nicht zurück', sagt er, ,noch nicht', und ich versuche nicht, ihn zu überreden.'" (S. 220)

Vika

Die 18-jährige Vika ist mit Marie befreundet und wohl der Beweis für Karl Lagerfelds These[36], dass der Jogginghosen tragende Mensch die Kontrolle über sein Leben verloren hat. Die Ich-Erzählerin beschreibt Vika wie folgt: „Auch Vika trägt eine Jogginghose, ohne Eleganz, dafür mit weißen Streifen." (S. 9–10)

Der Kontrollverlust beginnt mit einer vermutlich sehr kurzen Schullaufbahn (vgl. S. 133) und der Schwangerschaft als Teenager. Daran schließen sich unzählige Praktika an, die weder zu einer Ausbildung noch zu einer Anstellung führen:

„Insgesamt geht bei Vika nicht viel. Praktikum nach Praktikum. Friseurin, Einzelhandelskauffrau, Systemgastronomin, Erzieherin, sie hat einiges durch. Auch sonst." (S. 11)

Ohne Perspektive

An eine Verbesserung ihrer beruflichen Situation glaubt sie nicht, ihr Interesse daran ist auch nicht sehr ausgeprägt (vgl. S. 210). Für ihr Selbstverständnis spielt eine geregelte Berufstätigkeit keine große Rolle, sie hält sich trotzdem für eine Art von Siegerin, was sie gerne mit ihren T-Shirt-Sprüchen demonstriert: Aufdrucke wie „Born to win" (S. 10), „not for everybody" (S. 27) oder „live free think less" (S. 110) könnten ihr jeweiliges Lebensmotto sein. Dabei ist sie sich nicht bewusst, dass diese Botschaften wie eine Parodie auf ihr Leben wirken.

Vika mag sich nicht festlegen. Auch nicht auf ihre eineinhalbjährige Tochter Fine, die sie überwiegend zu ihrer Mutter abschiebt. Vikas Interesse gilt unverbindlichem Sex (S. 166), wo-

---

36 Vgl. https://www.stylebook.de/fashion/karl-lagerfeld-spruch-jogginghose#Lagerfeld%20Jogginghosen-Fazit

mit sie die Trennung von Otto, dem Vater ihrer kleinen Tochter Fine, provoziert hat (S. 163), und neuerdings, seitdem er mit Yasmin eine neue Freundin hat, wieder Otto. Sie reagiert eifersüchtig und versucht, Yasmin zu vergraulen (S. 18).

So gedankenlos und oberflächlich Vika erscheint, so hat sie doch ihre hellen Momente, denn sie durchschaut Lenas Umgang mit Marie: „‚Schon klar‘, unterbricht mich Vika. ‚Du wolltest Jo zerstören, und Marie war für dich nur ein Dings.‘ ‚Ein Kollateralschaden‘ [...]." (S. 201)

Vika ist eine der wenigen, die Lena zuhören und ein wenig Interesse an ihr zeigen, so nennt sie Lena „voll schlau" (S. 130) und möchte von ihr wissen, was sie nach ihrem Studienabbruch machen will (S. 133). Außerdem stellt sie klar, dass sich Lenas Spitzname „Entenarsch" nicht auf ihre Figur bezieht, wie Lena vermutete. Diese Klarstellung ist für die unsichere Lena sehr wichtig (vgl. S. 177).

Interesse an Lena

Otto

Auch Otto gehört zu den Aushilfen des Penny-Marktes. Laut Ich-Erzählerin ist er „immer schnell mit anderen Dingen beschäftigt, bleibt nie lange an einem Ort, bei einem Gedanken, bei einem Menschen, Vika kann ein trauriges Lied davon singen, und sie singt es mit Inbrunst, mit immer neuen Strophen" (S. 28). Mehrfach von Vika betrogen, hatte sich Otto von ihr getrennt (vgl. S. 163). Die gemeinsame Tochter Fine liebt er, auch von seinem Kind wird er geliebt, wie jene Szene auf der Festivalwiese zeigt:

Vikas Ex-Freund

„Als Otto uns erkennt, springt er von der Liege. Fines wankende Schritte werden schneller, und Otto wirbelt sie in die Luft. ‚Pa‘, jauchzt Fine und legt ihre kleinen Hände an seine Wangen." (S. 148–149)

Für Otto sind Betrug und Unaufrichtigkeit in einer Beziehung schwere Fehler, weshalb er Jo davon zu überzeugen versucht,

Fürsorglicher Mensch und Vater

Marie seinen Fehltritt zu beichten (vgl. S. 188): Lena missversteht diese Situation und denkt, Otto habe Vika mehrfach betrogen.

Vikas Eifersucht auf seine neue Freundin Yasmin begegnet er mit Gleichmut und Gelassenheit (S. 18–19). Mit Lena dagegen geht Otto weniger freundlich um, so in jener Situation, als sie sich darüber wundert, dass Jo nicht als vermisst gemeldet wurde.

> „‚Der Vater macht sich bestimmt strafbar‘, habe ich gesagt. ‚Dann zeig ihn doch an, Entenarsch‘, war Ottos Antwort, und damit ist für alle anderen das Thema erledigt gewesen." (S. 65–66)

Solidarisch

Ein unwirscher Ton zeigt sich auch in Ottos Umgang mit den Mitgliedern der Punkband „Blümchenschlüpper", deren Bassist er ist (S. 12 und 152), wobei es scheint, dass er schlecht mit Lob umgehen kann. Vermutlich sind es für ihn aber auch die Falschen, die so positiv über ihn sprechen, denn er hat keine engere Beziehung zum Punk, er will einfach nur auf der Bühne stehen (S. 12, vgl. S. 181). Hinsichtlich seines Sozialverhaltes ist Otto im Vergleich mit Leroy und Marvin erfrischend konventionell, so hat er auf legalem Weg Stühle organisiert, damit die Clique im Hinterhof nicht auf Holzpaletten sitzen muss (S. 7). Als die Gruppe überlegt, wie sie die Weiterfahrt nach Ulm finanzieren sollen, bietet Otto an, mit seinem Auftrittshonorar ein Gruppenticket zu kaufen (S. 193).

Pavel

Pavel ist Ottos bester Freund (S. 11) und von Akne geplagt:

> „Pavel ist achtzehn Jahre alt, aber seine Haut denkt immer noch, er sei mitten in der Pubertät. Wäre unser Pavel ein Mädchen, dann hätte er es verdammt schwer. Aber bei Jungs zählen plötzlich die inneren Werte, und in dieser Hinsicht ist Pavel rasend schön." (S. 12)

In der Tat ist Pavel ein sehr höflicher, aufmerksamer Mensch, z. B. bietet er Yasmin seinen Stuhl an (S. 18). Er bewahrt die Clique vor Cans schwarzen Grillwürstchen (S. 17), rettet Can aus einer kompromittierenden Situation mit Marie (S. 22) und findet selbst für Lenas Verrat eine Entschuldigung.

Sozial und intelligent

Auch der kleinen Fine gegenüber ist Pavel sehr fürsorglich, so improvisiert er für sie eine Art Planschbecken (S. 171) und einen Kinderwagen (S. 202). Die Clique liebt ihn, er ist für sie „unser Pavel" (S. 191) und wirkt fast wie das männliche Gegenstück zu Marie. Als Vika ihn allerdings zu ihrem „Plan B" erklärt (S. 164), sind seine Grenzen erreicht, wohl auch deshalb, weil er sich im Verlauf der Handlung in Leroy verliebt (S. 123).

Zu Pavels Eigenheiten gehören außer seiner Vorliebe für Orangenlimonade (S. 14) das Formulieren unvollständiger Sätze (S. 13) sowie ein eigenwilliger Umgang mit Sprichwörtern, der nicht ohne Komik ist (vgl. S. 14, S. 191–192). Seine Handlungen sind immer konstruktiv, auch im wahrsten Sinne des Wortes, so hat er im Hinterhof des Penny-Marktes „aus den Plastikhüllen, in die die Paletten eingeschweißt sind, ein Dach gebaut. Mit Plan, Geschick und Tacker" (S. 9). Ein Aussichtsturm soll folgen (S. 13). Als Lena, Marie und Can die Suche nach Jo beginnen, unterstützt Pavel sie durch Recherchen (S. 27, S. 82, S. 192). In den Augen der Hinterhof-Clique ist Pavel, der das Fachabitur machen will (S. 13), der Einzige mit einer Perspektive:

> „Aber Can hat recht: Wenn einer aus diesem Hinterhof raus-
> kommt, aus dieser Stadt, aus diesem Leben, wenn einer was
> Großes wird, dann ist es unser Pavel." (S. 13)

Leroy

Der 17-jährige Leroy gehört ebenfalls zu den Penny-Markt-Aushilfen und, folgt man seinem Freund Pavel, „kann nicht so mit Menschen" (S. 162):

Respektlos und kriminell

3.4 Personenkonstellation und Charakteristiken

> „Es ist vollkommen egal, ob Leroy knutschende Menschen anschaut oder einen schiefen Kugelgrill oder eine Massenkarambolage. Nichts davon spiegelt sich in seinem Gesicht wider. Seine Lippen bilden immer eine schmale Linie, die Mundwinkel neigen sich leicht nach unten, genau wie seine oberen Augenlider. Er ist erst siebzehn, aber manchmal denkt man, er habe schon alles gesehen." (S. 20)

Leroys Verhalten ist unangenehm bis flegelhaft, so dem Marktleiter gegenüber, als der ihn auf seinen Arbeitsplatz beordert (S. 14–15, vgl. S. 19). Leroy pfeift auf Recht und Gesetz, kriminelles Verhalten ist für ihn selbstverständlich (vgl. S. 20 und S. 30). Zu seinem Freundeskreis gehört ein jugendlicher Mörder (S. 17) und auch sein jüngerer Bruder Marvin zeigt sich gewaltbereit.

Verliebt sich in Pavel

Als sich Leroy in Pavel verliebt (S. 123), verändert sich der Jugendliche, der aus sicherlich nicht einfachen Verhältnissen stammt: Er zeigt tatsächlich einmal ein Lächeln (vgl. S. 110). Er, der bisher keine Gefühle an sich heranlassen wollte, beginnt während Pavels Abwesenheit mit dem Turmbau, weil er weiß, dass dieses Projekt für Pavel sehr wichtig ist: „Leroy sitzt auf einer Holzplattform, die von vier Pfosten getragen wird. Er lächelt." (S. 180)

Marvin

Leroys Bruder Marvin ist 13 Jahre alt und ebenfalls ein Kleinkrimineller (S. 7). Als die Clique die Suche nach Jo plant, erklärt er sich bereit, ein Auto zu stehlen (vgl. S. 24). Seinem Alter entsprechend fehlen bei ihm noch die richtigen Proportionen:

> „Er geht vor uns her, und ich frage mich, ob sein rechter Arm länger ist als sein linker und sein linkes Bein länger als sein rechtes. Bei Marvin wirkt alles noch nicht richtig fertig." (S. 148)

Auch sein Verhalten ist meist unangemessen. Er ist unfähig zu einer der jeweiligen Situation angemessenen Kommunikation (vgl. S. 15) und zückt sogleich sein Messer. So gegenüber Can, als der ihm spielerisch nicht sofort den Grill überlassen will:

> „Marvin wirft die Zange auf den Grill und zieht ein Springmesser aus seiner Hosentasche. Er lässt die Klinge aufspringen und klappt sie wieder ein. Mehrmals hintereinander macht er das, sein Blick bleibt stur auf dem Messer. Seine freie Hand zur Faust geballt." (S. 16–17)

Marvins Aggressivität kombiniert mit einem drohenden Kontroll-verlust führt zu gefährlichen Situationen. Als es auf dem Festival Streit mit dem Security-Personal gibt, kann er gerade noch von Can daran gehindert werden, sein Messer zu zücken (S. 173). Mit seinem Verhalten konfrontiert erklärt er, Can seine Freundschaft beweisen zu wollen (S. 174). Dazu passt auch seine Drohung, denjenigen zu töten, der sich abwertend über die Liebesbezie-hung zwischen Leroy und Pavel äußert: „,Und wenn da einer was gegen sagt, stech ich ihn ab', sagt Marvin mehr zu sich selbst als zu mir und läuft zur Bühne." (S. 157) Dabei hat er selbst zuerst die größten Schwierigkeiten mit der Tatsache, dass sein Bruder Leroy nun schwul sein soll.

> Potenzieller Messerstecher

Verhält sich Marvin einmal sozial, ist meist irgendwo ein Haken. Zwar organisiert er für die kleine Fine einen Kindersitz, jedoch ist dieser nicht klassisch geliehen (vgl. S. 125–126). Allerdings ist Marvin, so will es die Autorin des Romans glauben machen, durchaus zur Empathie fähig, so registriert er, dass Lena der Totalschaden ihres Autos nicht gleichgültig ist (vgl. S. 154). Sein Versuch, sie über den Verlust des Wagens zu trösten, hat dann wieder etwas Rüdes, so tritt er dem Wagen einen Außenspiegel ab und gibt ihn Lena zur Erinnerung (vgl. S. 198).

3.4 Personenkonstellation und Charakteristiken

Yasmin

Ottos neue Freundin

Yasmin ist „so um die achtzehn" (S. 18) und Ottos neue Freundin, wobei sie sich nicht von Vika und deren Hinweis auf die kleine Fine abschrecken lässt (S. 19). Als Otto mit den Blümchenschlüppern auf dem Festival nahe Fulda auftritt, reist sie ihm hinterher, probt mit ihm das Leben in der Kleinfamilie und geht mit Otto und Fine spazieren (S. 158). Die Clique außer Vika natürlich findet Yasmin „total nett" (S. 158).

Weitere Nebenfiguren:

Achmad

Lenas guter Geist

Der hilfsbereite Achmad ist ein Freund Cans und Lenas „Retter, Ritter, Held, Gott aus der Maschine[37]. Er taucht auf, wenn alles aussichtslos scheint." (S. 117) Als Lena mit ihrem Wagen auf dem Autobahnzubringer strandet, ist es Achmad, der ihn mit einer riskanten Aktion zurück auf Straße fährt:

> „Achmad setzt sich hinter das Steuer, und für einen Moment bin ich froh, dass ein anderer das Lenkrad in Händen hält und ich einfach nur die Klappe halten muss. Achmad schaut in den Rückspiegel, plötzlich gibt er Gas, wendet und rast die Auffahrt hinauf, zurück zur Straße." (S. 35)

Retter in der Not

Dabei bleibt er ziemlich cool: „‚Das war doch kein Problem oder was.' Achmad dreht sich zu uns um und schüttelt Can die Hand. ‚Cannyboy, ich habe was gut bei dir.'" (S. 36)

Als sich Lena vor der zweiten Reise schon ausgeschlossen sieht, ist es Achmad, der sie vom Gegenteil überzeugt, sodass sie wieder Kontakt mit der Clique aufnimmt (vgl. S. 117)

---

37 „Gott aus der Maschine" ist eine Anspielung auf den Begriff „Deus ex machina". Er entstammt dem antiken Drama und umschreibt die Lösung eines Konfliktes durch außenstehende übergeordnete Mächte. Lenas Vertrautheit mit der griechischen Tragödie lässt sich auch aus dem Zitat S. 16 schließen: „‚Das hatte die Wucht eines griechischen Dramas', rufe ich, aber da hat das Lachen der anderen schon aufgehört."

Matthäus

Matthäus, Matthes genannt, ist eine Aushilfe in einem Penny-Markt in Münster. Auf Wunsch seines fußballbegeisterten Groß-vaters sollte er Lothar Matthäus genannt werden, doch die Eltern beließen es nach dem Tod des alten Herrn bei Matthäus (S. 53). Er bewohnt ein Zimmer, wobei er es mit der Sauberkeit nicht so genau nimmt, da er in der Regel bei seiner Freundin Dörte, Dori genannt, übernachtet (S. 59–60).

> In Münster

Zusammenhalten ist für Matthes kein Fremdwort. Als er sich dem ihm völlig unbekannten Can gegenübersieht, der an seine Solidarität unter Penny-Markt-Aushilfen appelliert (S. 46), lässt er sie nach einigem Zögern in seinem Zimmer übernachten: „‚Verstehe‘, sagt er endlich, ‚die Erbsen, die sind überall gleich.‘" (S. 47) Bevor Marie, Can und Lena ihre Fahrt Richtung Fulda fortsetzen, schenkt er ihnen die Lady Gaga-T-Shirts seiner Ex-Freundin (S. 61–62).

> Solidarisch

Jos Eltern

Paul Weuner ist Jos Vater. Ob er in dieser Rolle fürsorglich war, bleibt offen, darf aber bezweifelt werden. Er ist mit Jos Schwierig-keiten in der Schule vollkommen überfordert (S. 70) und tobt. In der Folge wird Jos Vater selbst hilflos. Gelockt von einer besseren Vergütung und mehr Urlaub wechselt er den Arbeitsplatz, wo er dann bereits in der Probezeit entlassen wird (S. 71). Auch mit dieser Situation ist er überfordert und tut – nichts, so berichtet seine Ex-Frau: „Paul saß nur noch auf dem Sofa, den ganzen Tag und irgendwann auch die ganze Nacht." (S. 72)

> Jos Vater:
> Sozialer
> Absturz

Folgt man der Ich-Erzählerin, ist Paul Weuner im wahrsten Sinne des Wortes orientierungslos geworden.

> „Ich habe Jos Vater nur wenige Male im Penny-Markt gesehen, er trägt immer einen blauen Trainingsanzug und lächelt unsi-cher, schaut mit großen Augen umher, als ob er sich verlaufen hätte." (S. 72)

3.4 Personenkonstellation und Charakteristiken

Zwei Jahren später wird er von seiner Frau verlassen, Jo bleibt bei ihm zurück. Als dieser verschwindet, meldet Paul Weuner ihn nicht einmal als vermisst (S. 65) und behauptet, dass er bei seiner Mutter lebe (S. 66).

Frau Weuner lebt mit ihrem Lebensgefährten Henry Neuwanger in Münster. Zuvor hatte sie zwei Jahre lang versucht, ihre Familie vor dem finanziellen Ruin zu retten, hat „jeden Drecksjob angenommen" (S. 72), bis es ihr reichte:

Jos Mutter hat
die Familie
verlassen

> „Ich musste einfach gehen, ich habe das mit Paul –, ich habe das mit meinem Exmann nicht länger ausgehalten. Und Jo war kein Kind mehr. Er war zwölf." (S. 67)

In der Folge suchte sie Kontakt mit Jo, scheiterte jedoch, wie sie Lena gesteht:

> „Ich weiß, dass ich ihn verletzt habe. Ich weiß das. Ich habe ihm seitenlange Briefe geschrieben. Ich habe versucht, mit ihm zu reden, aber er wollte mich nicht mehr sehen." (S.67)

Leidet unter Jos
Zorn auf sie

Jos traurig-hasserfüllte Elfchen an sie (S. 69) bewahrt sie alle auf, vielleicht als Erinnerung daran, dass in besseren Zeiten sie es gewesen war, die ihm das Verfassen dieser Gedichtchen gezeigt hatte (S. 70). Zwar hat sie Verständnis für seinen Zorn gegen sie, gleichzeitig verletzt er sie: „Ich verstehe seine Wut, aber es tut trotzdem weh. Das darf es doch, oder nicht?" (S. 71)

Wie sehr sie unter dem Bruch mit ihrem Sohn leidet, zeigt ihre Reaktion, als Can sich, Marie und Lena als Freunde von Jo vorstellt und sich ihr Gesichtsausdruck von mürrisch nach hoffnungsvoll wechselt (S. 64). Sie unterstützt die Suche nach ihrem Sohn, indem sie die Hinweise auf Urs Behrenberg in Fulda (S. 67) und Fünfzehn Cent in Ulm gibt (S. 118–119).

Lenas Eltern

Lenas Eltern sind bei einer Rentenversicherung angestellt (S. 27) und sehr auf Sicherheit und Umsicht bedacht. Für harmlose Vergnügungen scheinen sie wenig Sinn zu haben, wie z. B. Lenas Verzehr von Zuckerwatte zeigt (S. 161).

Lena scheint ihr einziges Kind zu sein, weshalb sie sehr auf ihr Wohlergehen bedacht sind. Sie unterstützen Lena mit dem Kindergeld und 200 Euro monatlich (S. 118) inklusive weiterer finanzieller Zuwendungen: „Ich musste dafür nur Geburtstag haben oder an Weihnachten nett lächeln, wenn mir ein Briefumschlag in die Hand gedrückt wurde." (S. 118) Für weitere Ausgaben, wie beispielsweise den Führerschein (vgl. S. 92), muss sich Lena aber durch ihren Penny-Markt-Job Geld hinzuverdienen. Auch das Pannen-Abo zum Auto gab es von den Eltern nicht dazu. Darum sollte Lena sich selbst kümmern (vgl. S. 142). Lena hat durch ihr Elternhaus im Gegensatz zu anderen der Penny-Markt-Clique einen gesicherten und finanziell stabilen Hintergrund, den sie erkennt und durchaus zu schätzen weiß:

> „Und wenn ich kein Geld mehr habe, am Ende des Monats, fahre ich zu meinen Eltern an den Stadtrand. Dort ist der Kühlschrank immer voll. Alle anderen vom Hinterhof wohnen noch bei ihren Eltern. Und das machen sie nicht unbedingt, weil sie das da so super finden." (S. 118)

Zur bestandenen Abiturprüfung schenken die Eltern ihrer Tochter einen Opel Corsa (S. 88) und zum Geburtstag einen Rollkoffer (S. 89), womit Lena in ihren Augen bestens für das studentische Leben inklusive Freiheit und Abenteuer ausgestattet ist. Allerdings müssen Freiheit und Abenteuer in den Augen von Lenas Eltern auch immer schön geplant werden (S. 27). Lena formuliert die Einstellung ihrer Eltern wie folgt:

Auf Lenas Wohlergehen bedacht

3.4 Personenkonstellation und Charakteristiken

> „Aber ihre Vorstellung von Freiheit, die gibt es nur mit Sicherungsseil. Alles ist möglich, du kannst alles erreichen, aber bitte vorbereiten, vorsorgen und absichern. Hier sind die Schwimmflügel, und da sind die Stützräder. Und wenn du keine Stützräder mehr brauchst, dann setz den Fahrradhelm auf. Als meine Mutter in der Neunten mitbekommen hat, dass ich mit Robert gehe, hat sie mir sofort eine Packung Kondome gekauft." (S. 90)

Fehlende Kommunikation

Eine richtige Kommunikation zwischen Eltern und Tochter scheint dagegen schwierig zu sein. Lenas Mutter „redet nicht, sie nickt lieber mit dem Kopf" (S. 27). Einen offenen Austausch mit ihrer Tochter scheint sie vermeiden zu wollen und es besteht der Eindruck, dass Mutter und Tochter sich trotz aller Fürsorge fremd sind (vgl. S. 91). Wenn Lena ihr Leben und ihre Aktivitäten durch die Augen ihrer Eltern betrachtet, fühlt sie sich als Mängelexemplar. Auch in ihrer Familie scheint sie „im Abseits" zu stehen (vgl. S. 111).

Urs Behrenberg

Jos ehemaliger Schulfreund

Urs Behrenberg lebt in Fulda und ist ein Freund Jos aus Grundschulzeiten (S. 67). Die großen Erwartungen, die vor allem Marie in ihn gesetzt hat, muss er enttäuschen, da er nicht weiß, wo sich Jo aktuell aufhält. Allerdings hatte er Jo im Frühjahr vorübergehend Obdach verschafft:

> „Ich habe meinen Eltern erzählt, dass Jo ein Praktikum im Fulda macht. [...] Sie haben nicht weiter nachgefragt, und er konnte bei uns pennen. Nach zwei Wochen ist er wieder abgehauen." (S. 100)

Hinweis auf Konzert der „Blümchenschlüpper"

Die letzte Nachricht, die Urs von Jo erhalten hat, war eine Postkarte mit der Information über das bevorstehende Konzert der Blümchenschlüpper auf einem Festival bei Fulda. Diese Tatsache

lässt Marie glauben, dass auch Jo das Konzert besuchen wird
(S. 100–101). Urs Behrenberg gehört zu den solidarischen Menschen im Roman, so lädt er Can, Marie und Lena auf die Party
seines Freundes Bjarne ein, wo sie auch übernachten können
(S. 103). Auf der Party verhält Urs sich vollkommen ekstatisch
(S. 104). Später kommt es zu einem Wiedersehen mit ihm und
seinem Freund Bjarne auf dem Festival (S. 158).

Bjarne

Bjarne ist der Freund von Urs Behrenberg, „ein schlaksiger Junge   Freund von Urs
mit blonden Haaren und Pickeln auf der Stirn" (S. 104) und einer
Vorliebe für Sahnepudding. Als seine Eltern samt Schwester auf
Madeira sind, schmeißt er eine Party, die komplett aus dem Ruder
läuft (vgl. S. 103–104), was ihn aber nicht weiter stört. Auch der
Zustand des Hauses am Tag danach kümmert ihn nicht und er
verweist, verwöhnt wie er ist, auf die Haushaltshilfe: „Wir müssen
eh nur das Grobe machen. Morgen kommt die Putzfrau." (S. 108)
Auch Bjarne besucht später das Festival, wo er zusammen mit
Urs in der Menge badet: „Urs und Bjarne, die Wahnsinnigsten
unter den Wahnsinnigen." (S. 158)

Fünfzehn Cent

Der Junge mit dem Spitznamen „Fünfzehn Cent" lebt in Ulm und
ist ein Freund Jos aus Kindertagen. Seinen Spitznamen verdankt
er dem Kiosk seiner Eltern, wo seine Freunde sich für 15 Cent
Süßigkeiten aussuchen durften. Fünfzehn Cent wird mehr als
besagte 15 Cent in Süßigkeiten investiert haben, denn schon als
Kind ist er dick (S. 119). Jahre später ist er es immer noch:

> „Wenige Minuten später knattert ein Motorroller auf den Park-
> platz und hält neben dem Wohnmobil. Unser Pavel hockt hinter
> einem fetten Typen, und sein halber Hintern hängt in der Luft."
> (S. 204)

3.4 Personenkonstellation und Charakteristiken

Unaufrichtig oder loyal?

Nur mit Mühe gelingt Fünfzehn Cent der Abstieg vom Roller (S. 204) und nur mit Mühe gibt er gegenüber Marie den Ahnungslosen, der Jos Aufenthaltsort nicht kennt (S. 205), wobei er genau weiß, dass Jo bei seinem Großonkel an der Nordsee ist (S. 217).

Die Blümchenschlüpper

Ottos Punkband

Die Blümchenschlüpper sind „in der Punkszene unterwegs, und alle anderen Bandmitglieder sind mindestens doppelt so alt wie Otto, irgendwo jenseits der vierzig" (S. 12). Sänger der Band ist **Püppi**, ausgestattet mit einem roten Irokesenschopf, der sich hinsichtlich der musikalischen Qualität der Band keinen Illusionen hingibt (S. 152). Groß und schwer wie er ist, sorgt er dafür, dass der Sicherheitsdienst Can trotz Pfefferspray auf das Festivalgelände lässt (S. 149–150). Alle Bandmitglieder außer **Otto** haben Spitznamen, so heißt der Gitarrist **Hasi**, der schwerhörige Schlagzeuger **Lämmchen** und der Multiinstrumentalist **Schnecke** (vgl. S. 149).

Die praktische **Tiger**, Püppis Frau, kümmert sich um alle Belange der Band und auch um Lenas kaputtes Auto (vgl. S. 152–153). Die Rettungssanitäterin, die Marvin schwer beeindruckt, überlässt den jungen Leuten das Wohnmobil, damit sie die Suche nach Jo fortsetzen können (S. 195).

Außerdem

Fine (Vikas und Ottos kleine Tochter), Herr Wendthoff (Filialleiter), Herr Müller (neuer Filialleiter), Filialeiter in Münster, Lenas Onkel, Angestellte in einem Münsteraner Penny-Markt, Dörte (Dori, Matthes' Freundin), Freunde von Matthes, Inga (Bäckereiverkäuferin in Fulda), ältere Dame in Fulda, Urs' Schwester, Partygäste bei Bjarne, Touristen in Fulda, alte Frau bei Biedenkopf, Security-Personal, Festivalbesucher, diverse Bands, Filialleiter eines Baumarkts in Ulm (Sebastian, Rasta-Basta), Touristen an der Nordsee u. a.

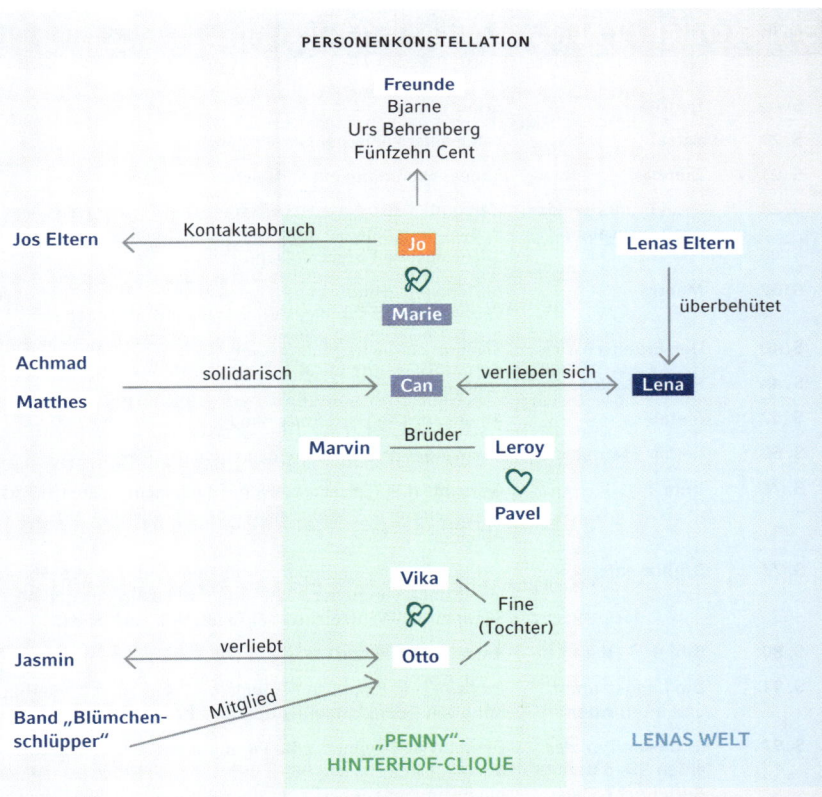

PERSONENKONSTELLATION

3.5 Sachliche und sprachliche Erläuterungen

Seite	Begriff	Erläuterung
S. 21	Salsa	Lateinamerikanischer Gesellschaftstanz
S. 21	Zumba	Fitness-Programm mit Tanzelementen
S. 24	... an immer wieder nach Jerusalem	Gemeint ist das Gesellschaftsspiel „Reise nach Jerusalem", in dem derjenige gewinnt, der als letzter einer Gruppe eine Sitzgelegenheit besetzen kann.
S. 32	Mantra	Buddhismus/Hinduismus u. a.: Selbstgewählte Worte oder Vers, der durch ständiges Wiederholen Kraft geben soll.
S. 40	Oer-Erkenschwick	Stadt im nördlichen Ruhrgebiet
S. 44	Pyrospektakel	Feuerwerk
S. 52	Metallica	Amerikanische Hard-Rock-Band
S. 53	Lothar Matthäus	Ehemaliger deutscher Fußballnationalspieler
S. 76	Dom	Gemeint ist St. Salvator zu Fulda, die bedeutendste hessische Barockkirche und Wahrzeichen der Stadt Fulda. Vgl. auch Abbildung S. 56.
S. 77	Dreihasenfenster	Ein Rundfenster im Paderborner Dom, auf dem drei Hasen im Abstand von nahezu 120° angeordnet sind (trigonale Symmetrie); Wahrzeichen der Stadt. Vgl. auch S. 31.
S. 80	Bibi und Tina	Kinderhörspielserie
S. 91	Die Langstrumpf und ihren Affen	Gemeint sind Pippi Langstrumpf, die Figur einer Kinderbuchreihe von Astrid Lindgren, und ihr Äffchen Herr Nilsson.
S. 97	... dieser Typ, der einen Stein den Berg hochrollen will	Gemeint ist Sisyphos, eine Figur aus der griechischen Mythologie. Er ist dazu verurteilt, einen Felsblock einen Berg hinaufzurollen, der kurz vor dem Gipfel wieder hinabrollt.
S. 102	Gegenkathete	Begriff aus der Geometrie der rechtwinkligen Dreiecke
S. 107	brennenden Dornbusch	Bibl.: Bild aus der dem Alten Testament; Mose wird von Gott, der aus einem brennenden Dornbusch spricht, zur Flucht aus Ägypten aufgefordert.
S. 116	Linguistik	Sprachwissenschaft: Sie untersucht die menschliche Sprache, ihre Struktur, ihre Geschichte, ihren Erwerb.
S. 116	Avantgarden	Avantgarde: Literarische Strömung, Blütezeit 1915 bis 1925.

Seite	Begriff	Erläuterung
S. 156	**Phänomenologie des Geistes bei Hegel**	*Phänomenologie des Geistes* (1807): Erster Teil des *Systems der Wissenschaft*, dem Hauptwerk des deutschen Philosophen Georg Friedrich Wilhelm Hegel (1770–1831).; wichtigster Vertreter des deutschen Idealismus.
S. 163	**Hypertron**	Figur aus dem Marvel-Universum
S. 182	**Vintage**	Begriff aus der Mode: klassisch, hochwertig, gebraucht
S. 182	**Gucci**	Italienisches Luxusmodelabel

3.6 Stil und Sprache

Zusammenfassung

Die Autorin Sarah Jäger verwendet eine individuelle Figurensprache. Sie erzählt in der Ich-Form und setzt zahlreiche Motive ein, die sich wiederholen und dadurch das Erzählte miteinander verknüpfen.

Erzählersprache

Jugendsprache

Eine Erzählersprache im klassischen Sinne gibt es nicht, die Geschichte wird aus der **Perspektive der 19-jährigen Lena** erzählt. Die Figuren des Romans sind überwiegend junge Menschen, sodass Sarah Jäger mit einer **jugendlichen Sprache** (Idiomatik) arbeitet („,Alles Fidschi, Cannyboy', sagt Marie." S. 37). Durch dieses erzählerische Vorgehen bleibt sowohl die erzählerische Distanz zu den Romanfiguren als auch die Distanz zum jungen Leser gering. Dies wiederum steigert das Leseinteresse.

Figurensprache

Die Figurensprache dient der **Darstellung des Personencharakters**. Außerdem kann aus der Figurensprache das soziale Umfeld der jeweiligen Person abgeleitet werden. Die Figuren in *Nach vorn, nach Süden* sprechen unterschiedlich, wie man an den nachfolgenden Beispielen sieht.

Lena

Aus **Lenas Sprache** hört man das akademische Milieu heraus, in dem sie sich bis zum Abbruch ihres Studiums bewegt. Sie findet das passende Fremdwort, das Vika fehlt („Kollateralschaden" S. 201) und klärt Can professionell über eine sprachliche Besonderheit auf:

„,Oer spricht man aber nicht Oer, sondern Ohr', mische ich mich ein, ,wegen dem westfälischen Dehnungs-E. Ich meine des, wegen des westfälischen Dehnungs-Es. Genitiv.'" (S. 38)

Zu Beginn der Handlung ist Lenas Diktion oft verteidigend und defensiv, so bei ihrem Geständnis, weder die Autobahn benutzen (vgl. z. B. S. 31) noch tanken zu können (S. 88). Zum Ende der Handlung hin formuliert sie entschieden. Ein Beispiel ist ihre Ankündigung, Jo an der Nordsee suchen zu wollen:

Lena: Entwicklung in der Sprache

„Ich kurbele das Fenster herunter. ,Ich muss an die Nordsee', brülle ich. ,Aber wir sehen uns auf dem Hinterhof.'" (S. 211)

Cans Sprechakte wechseln zwischen witzig-ironisch, ungeduldig-fordernd, reflektierend-nachdenklich und obszön (vgl. S. 91, S. 106). Der witzig-ironische Aspekt zeigt sich besonders angesichts der „Fahrkünste" Lenas, die er zum Beispiel wie folgt kommentiert:

Can

„,Ich sage ja nichts', sagt Can, und ich sehe im Rückspiegel, wie er seine Hände hebt. ,Ich hab Zeit. Ich mach jetzt für ein Stündchen die Augen zu, und wer weiß, vielleicht sind wir dann schon in einem anderen Stadtteil. Und wenn nicht, auch egal, ich hab Zeit.'" (S. 26)

Ist das Ende seiner Geduld erreicht, wird seine Sprache verletzend: „,Kann mal passieren, aber doch nicht an jeder verschissenen Ampel', blafft Can und lässt sich gegen den Rücksitz fallen." (S. 25) Can beherrscht allerdings auch die leisen Töne. Er schlägt sie Lena gegenüber an, als er vom Tod seines älteren Bruders erzählt, wobei er erstmals **Selbstzweifel und Unsicherheit** zeigt, die er sonst mit seiner Gesprächigkeit überdeckt:

3.6 Stil und Sprache

> „Für meine Geschwister bin ich der große Bruder. Doch ich werde nie der älteste Sohn sein. Ich bin wie dieser Typ, der einen Stein den Berg hochrollen will. Ich kann es nicht schaffen." (S. 97)

Marie

Maries Sprache ist die eines durchweg freundlichen Menschen und sie ist immer auf Ausgleich bedacht. Mit ihren sprachlichen Einwürfen vermittelt sie zwischen der Fahranfängerin Lena und dem ungeduldigen Can, wobei sie freilich auch im eigenen Interesse handelt:

> „‚Wir können doch ins Navi eingeben, dass wir keine Autobahnen wollen.' Ich höre, wie Can einatmet, aber Marie lässt ihn gar nicht erst zu Wort kommen. ‚Nein, jetzt hör mal zu. Das ist doch kein Problem. Und wenn sie mehr Routine hat, dann klappt das vielleicht noch mit der Autobahn.'" (S. 32)

Geht es um Jo, ändert sich ihre freundliche Sprache, so Jos Mutter gegenüber, die sie anklagend und vorwurfsvoll kritisiert (vgl. S. 66). Ihre Positionen vertritt sie deutlich und klar, auch Lena gegenüber:

> „Dass sie keinen Bock mehr auf ihre Ehe hatte, geschenkt, soll sie den Mann abschießen, kein Ding, aber ihren Sohn da alleine zu lassen, bei diesem zutiefst fertigen Menschen, das geht gar nicht." (S. 74)

Sprache ist für Marie auch ein Mittel zur Beziehungsgestaltung, so macht sie Lena eine Freundschaftserklärung von ungewöhnlicher Offenheit (vgl. S. 187). Als sie Lenas Schuldeingeständnis zur Kenntnis nehmen muss (S. 189), verschlägt es ihr allerdings die Sprache und sie kommuniziert mit Lena erst einmal nicht mehr (S. 191 ff.).

Jos Sprache, die der Leser nur aus dem Bericht von Lena kennenlernt, ist grob und verrät den ungebildeten jungen Menschen. Lena gegenüber äußert er sich mit einer Kombination aus Imperativ und rüder Beleidigung:

Jo

„Jo erhebt sich, ich gehe schnell ein paar Schritte rückwärts und bleibe vor der Tür zum Pausenraum stehen. Er reißt die Lagertür auf, geht den Gang entlang und schnauzt mich an: ‚Verzieh dich, Entenarsch.'" (S. 188–189)

Diese Wut spielt sich auch in der teils ordinären Umgangssprache der Elfchen, die er seiner Mutter schickt (S. 69). Seine Sprechakte zeigen aber auch einen unsicheren, an sich selbst zweifelnden Menschen. So äußert er sich an der Nordsee überrascht und verwundert, als er von der Suche nach ihm erfährt (S. 219). Diese Verwunderung äußert er auch angesichts Maries Wunsch, ihn wiedersehen zu wollen. Eine andere, behutsame Sprache von Jo zeigt sich auch in dem Liebes-Elfchen, das Jo an Marie sendet (S. 57).

Jos Sprache aus Lenas Sicht

Pavel hat die sprachliche Eigenart, unterschiedliche Sprichwörter zu einem Neuen zu fusionieren, was dann nicht ohne Komik ist. Für sein Verständnis und seinen Ausdruckswunsch sind seine Kreationen sinnvoller als die herkömmlichen Sprichwörter, wie folgendes Beispiel zeigt:

Pavel

„‚Ich baue euch einen Aussichtsturm ... da klackern euch die Hufe', sagt unser Pavel.
‚Was soll das denn heißen, Hufe klackern?', fragt Otto und sieht unseren Pavel skeptisch an.
‚Dass ihr euch wundern werdet.' [...]
‚Ohren schlackern heißt das, nicht Hufe klackern. Ohren schlackern', richtet sich Otto wieder an unseren Pavel.
‚Das macht doch ... macht überhaupt keinen Sinn.'" (S. 13–14)

3.6 Stil und Sprache

Eine weitere Eigenheit von Pavels Sprache ist das Hängenbleiben im Satz.

Vika

Vikas Welt ist einfach, was sich in ihren Sprechakten widerspiegelt. In ihnen geht es um Frisuren (S. 136) oder um den Umgang mit Jo. Gerade dieses Gespräch mit Marie ist paradigmatisch für Vikas Einfalt:

> „„Ich habs. ‹Gewachsen bist du ja nicht gerade›', quietscht Vika aufgeregt, ‚und du ziehst auf jeden Fall meine Sandalen an, mit den hohen Absätzen. Dann kannst du schön auf ihn runtergucken. Du musst ihn erst mal ein bisschen leiden lassen. Oder besser noch, lass ihn links liegen.'" (S. 137)

Beziehen sich Vikas Sprechakte auf sie selbst, schlägt sie in der Regel einen klagenden Ton an, woraus sich eine eher bequeme Einstellung gegenüber der Welt schließen lässt (S. 10). In die Kategorie Klage fällt auch „‚Immer geht alles kaputt', motzt Vika und befreit Fine aus ihrem Kindersitz." (S. 142), womit Vika enttäuschende Erfahrungen formuliert.

Marvin

Marvins Sprechakte erschöpfen sich in der Regel in verbalen Gewaltphantasien, selbst Freunden gegenüber. So droht er Can wegen einer Lappalie: „‚Das nächste Mal mach ich dich platt', nuschelt Marvin und schiebt das Messer wieder in die Hosentasche." (S. 17) Primitivität in Denken und Sprache zeigt der 13-Jährige auch hinsichtlich potenzieller Kritiker der Beziehung seines Bruders mit Pavel: „‚Und wenn da einer was gegen sagt, stech ich ihn ab', sagt Marvin mehr zu sich selbst als zu mir und läuft zur Bühne." (S. 157)

Autorin Sarah Jäger hat die Sprache von Marvin, Leroy, Vika und Jo so konzipiert, dass diese Jugendlichen als Angehörige der gleichen sozialen Schicht (Soziolekt) dargestellt werden. Dem gegenüber verfügen Can, Lena, Marie, Otto und beispielsweise Pavel über bessere Ausdrucksmöglichkeiten.

Erzählform und Erzählverhalten

Bei der **Erzählform** wird differenziert zwischen Er-Form und Ich-Form, wobei hinsichtlich der Ich-Form zwei Erzählertypen zu unterscheiden sind:

Der erste Ich-Erzählertyp erzählt **ohne einen zeitlichen Abstand** vom Geschehen, er weiß nicht mehr als der Leser. **Erzählendes und erlebendes Ich sind weitgehend identisch.** Entsprechend verfügt dieser Ich-Erzählertyp im Allgemeinen außer in Bezug auf sich selbst nur über Außensicht. Er nimmt einen *internen* „point of view" (interne Erzählperspektive) ein mit personalem Erzählverhalten.

Ich-Form 1

Der zweite Typ des Ich-Erzählers erzählt **mit einem deutlichen zeitlichen Abstand**, der ihn mehr wissen lässt als der Leser. **Das erzählende Ich ist nicht identisch mit dem erlebenden Ich.** Dieser Ich-Erzählertyp hat daher (außer in Bezug auf sich selbst) nur Außensicht zur Verfügung mit einem *externen* „point of view" (externe Erzählperspektive). Sein Erzählverhalten ist demzufolge neutral oder sogar auktorial. Der Ich-Erzähler dieses Typs eignet sich insbesondere zur quasi-autobiographischen Erzählung des eigenen Lebens gegen dessen Ende.

Ich-Form 2

Beim **Erzählverhalten** unterscheidet man grundsätzlich folgende Dreier-Typologie:

Erzählverhalten

- **Auktoriales Erzählverhalten**: Der Erzähler gibt sich als eigenständige Instanz zu erkennen. Er kommentiert, reflektiert und urteilt. Auf der Grundlage eines externen „point of view" offenbart er **ein umfassendes Wissen über das Erzählte**. Dies schließt die Innensicht, Wissen um Vorgeschichte und zukünftige Entwicklungen ein. Eine für den auktorialen Erzähler typische Erzählhaltung ist die Ironie. Auch Humor und Leseransprache sind Zeichen auktorialen Erzählens.

- **Neutrales Erzählverhalten**: Der Erzähler **gibt sich nicht als eigenständige Instanz zu erkenn**en, sein Verhältnis zum Erzählten ist unspezifisch und somit neutral. Dieses Erzählverhalten neigt zum externen „point of view", aber nicht notwendig zur Innensicht.

- **Personales Erzählverhalten**: Der Erzähler nähert sich erkennbar dem Standpunkt der erzählten Figur an. Dies gilt besonders dann, wenn er **mit Innensicht** erzählt. Darbietungsweise sind erlebte Rede oder innerer Monolog.

Ich-Erzählsituation in *Nach vorn, nach Süden*

Aus den obigen Informationen ist leicht zu schließen, dass Sarah Jäger in *Nach vorn, nach Süden* den ersten Ich-Erzähler-Typ gewählt hat: Der Erzähler ist als handelnde Figur in das Geschehen eingebunden. Dieser Ich-Erzähler-Typ 1 führt nach dem Literaturwissenschaftler Franz K. Stanzel zu einer Ich-Erzählsituation. Der Leser erlebt das Geschehen allein aus der Perspektive des Ich-Erzählers bzw. der Ich-Erzählerin, also **aus der Perspektive Lenas**.[38]

Direkte Rede

Authentizität

Ein wesentliches Stilmerkmal von *Nach vorn, nach Süden* ist der Einsatz der direkten Rede: Hier spricht eine Figur mit einer anderen. Daraus resultiert eine Unmittelbarkeit bei der Vermittlung des Gesagten, da die vermittelnde Erzählerfigur entfällt, wie aus folgendem Beispiel hervorgeht:

---

[38] Siehe auch Lernskizze 5: Erzählsituation in *Nach vorn, nach Süden*. Der Ich-Erzähler-Typ erscheint häufig in guten Kriminalromanen, so in dem berühmten *The Big Sleep* (1939) von Raymond Chandler (dt.: *Der große Schlaf*). Der Ich-Erzähler und Detektiv Philip Marlowe weiß nicht mehr als der Leser, wodurch Spannung erzeugt wird.

„,Meine Schicht fängt doch in einer halben Stunde an ...
Was, ich stehe heute gar nicht auf dem Plan?'
,Ich warte nur auf Marie, die ist in zehn Minuten fertig ...
Was, erst in zwei Stunden, da hat sie mir aber Mist erzählt.'
,Ich? Ich arbeite doch hier. Sie kennen mich nicht? Also der
Can hat gesagt, ich könnte ... Der hat hier nichts zu sagen?
Erzählen Sie doch nichts ...'" (S. 7–8)

Durch den Einsatz von direkter Rede erscheinen die Figuren hier
authentisch und die Gespräche lebendig.

Themen und Motive

Motive sind die kleinsten Einheiten der Romanhandlung. Sarah
Jäger arbeitet mit zentralen Motiven, die sich wiederholen. Erste
Eindrücke, die der Leser beim Lesen gewinnt, können sich durch
die Motivwiederholungen verdichten und so eine erzählte Welt
formen.

Narrative
Verknüpfung

Gleichzeitig sorgen die **Motivwiederholungen** für die Ver-
bindung der einzelnen Kapitel miteinander, so dass durch diese
Art der Verknüpfung schließlich ein komplexes erzählerisches
Ganzes entsteht. Beispiele und Effekt der wichtigsten Motive
werden im Folgenden dargestellt und erläutert.

3.6 Stil und Sprache

| Hinterhof (Auswahl) | „Der Hinterhof vom Penny-Markt ist mehr als ein Hinterhof." (S. 7) | „Manchmal denke ich, dass einige von uns nur beim Penny arbeiten, damit sie eine Ausrede haben, um auf dem Hinterhof abzuhängen." (S. 7); „Will ein Mensch dazugehören, dann muss er im Hinterhof abhängen." (S. 8 f.); „Im Hinterhof sucht man sich seinen Namen nicht aus. Entenarsch. So nennen sie mich." (S. 10); „Wenn einer aus diesem Hinterhof rauskommt, aus dieser Stadt, aus diesem Leben, wenn einer was Großes wird, dann ist es unser Pavel." (S. 13); „Im Hinterhof gibt es kaum Regeln. Will ein Mensch dazugehören, dann muss er im Hinterhof abhängen." (S. 20); „Am Mittwochmorgen stehe ich um fünf vor neun in der Einfahrt vom Hinterhof. Dass ich zögere, den Hinterhof zu betreten, liegt diesmal nicht an Fußball und Abseitspositionen. Das liegt eher an dem Pärchen, das sich einen der Metallstühle teilt und knutscht. Auf dem Metallstuhl sitzt Leroy. Und rittlings auf Leroy sitzt unser Pavel." (S. 123); „‚Leroy passt auf den Hinterhof auf‘, fasst unser Pavel den Inhalt der Nachricht zusammen." (S. 210); „Ich kurbele das Fenster herunter. ‚Ich muss an die Nordsee‘, brülle ich. ‚Aber wir sehen uns auf dem Hinterhof.‘" (S. 211); „Ich betrete den Hinterhof, es geht ganz leicht. Holzpaletten und Plastiksäcke. Und ein Aussichtsturm." (S. 221) | Das Motiv des Hinterhofs hat zwei Bedeutungsebenen. Da ist einmal der Aspekt der Geborgenheit und Sicherheit (Zitate S. 7 und 9). Pavel und Leroy können dort ihre Liebe zueinander leben (Zitat S. 123). Der Hinterhof ist eine Art Zuhause (Zitate S. 211 und 221), weshalb er für die Clique von großer Bedeutung ist (Zitat S. 210). Gleichzeitig symbolisiert der Hinterhof das gesellschaftliche Abseits (Zitat S. 13) mit eigenen Regeln (Zitate S. 10 und 20). Niemand von den jungen Leuten möchte dort auf Dauer bleiben. |

| Autobahn (Auswahl) | „‚So, hier musst du gleich links auf die Autobahn', sagt Marie, die immer noch ruhig bleibt und tapfer auf ihr Smartphone und den Routenplan schaut." (S. 30) | „Ich fahre nicht auf die Autobahn." (S. 31); „‚Du, das wird schwierig. Wir stehen mitten in der Auffahrt', versucht Marie an meinen gesunden Menschenverstand zu appellieren. Aber bei Autobahnen, da setzt mein Menschenverstand aus, da werde ich zum Tier und verkrieche mich in irgendeiner Höhle, einem Bau, oder, wenn es sein muss, in einem Loch." (S. 31); „‚Ich fahre euch überallhin, aber ich fahre keine Autobahn!!!', sage ich." (S. 31 f.); „‚Du musst sowieso auf die Autobahn fahren, das ist doch die einzige Richtung, es geht nur nach vorn.' ‚Nein. Ich fahre keine Autobahn!!!'" (S. 33); „‚Ich bekomme das hin', wiederhole ich, ‚nur keine Autobahn.'" (S. 36); „Ich könnte ihr noch erklären, warum das mit der Autobahnauffahrt nicht geht. Rückspiegel, Seitenspiegel, vorne, hinten, Seite, Schulterblick, Geschwindigkeit, alles muss man unter Kontrolle haben, und das habe ich doch nie." (S. 55 f.); „Ich ignoriere den kurzen Blick von Vika und Marie. Autobahn ist schneller, erzähl mir was Neues." (S. 147); „‚Keine Autobahn, oder was?', fragt Can. ‚Das dauert ja ewig.' Er sieht Tiger betrübt an, und ich boxe ihn gegen den Oberarm" (S. 197); „Nach ein paar Kilometern biege ich von der Bundesstraße ab und folge dem blauen Schild, mein Herz rast, aber das halte ich aus, ich setze den Blinker, ziehe hinter einen Lkw nach links und bin auf der Autobahn." (S. 212) | Das Motiv der Autobahn ist mit der Figur Lena verknüpft. Ihre Weigerung, die Autobahn zu benutzen, symbolisiert ihre Unfähigkeit, ihrem Leben eine klare Richtung zu geben. Dies wird besonders durch das Zitat S. 33 symbolisiert. Die fehlende Orientierung verursacht Probleme für Lena, was mit den Zitaten S. 31 und S. 55–56 angedeutet wird. Das Zitat S. 212 symbolisiert Lenas neue Klarheit, die sie im Laufe der Reisen über sich gewonnen hat: Sie benutzt erstmals allein die Autobahn. |

3.6 Stil und Sprache

„Enten-arsch" (Auswahl)	„‚Jawollo, Entenarsch‘, sagt sie. Im Hinterhof sucht man sich seinen Namen nicht aus. Entenarsch. So nennen sie mich." (S. 10)	„Jo ist die erste Person gewesen, die mich Entenarsch genannt hat." (S. 29); „‚Wen interessiert's‘, pöbelt Jo mich an. Und nennt zum ersten Mal meinen neuen Namen. ‚Entenarsch.‘" (S. 56); „Unser Pavel hebt die Hand und ruft: ‚Hey, Entenarsch.‘ Als wären wir nie weg gewesen." (S. 110 f.); „Ob ich zum Entenarsch geworden bin, weil ich so genannt werde. Oder ob ich so genannt werde, weil ich einer bin. Oder ob ich genauso wenig ein Entenarsch bin, wie meine Küche mit Sofa eine Wohnküche ist." (S. 115); ‚Entenarsch‘, sage ich und drehe mich zu ihr um. ‚Aber doch nicht wegen dem Hintern.‘ ‚Warum dann?‘" (S. 177); „Er reißt die Lagertür auf, geht den Gang entlang und schnauzt mich an: ‚Verzieh dich, Entenarsch.‘" (S. 188 f.); „Vielleicht bin ich in dem Moment ein Entenarsch geworden, in dem ich zu Marie gegangen bin, vielleicht war ich vorher schon einer, woher soll ich das wissen, ich weiß nur, dass ich keiner mehr sein will." (S. 218); „Ich sehe ihn an und sage ihm, dass er mich nie wieder Entenarsch nennen soll." (S. 219); „Ich gehe noch einmal zum Strand, schreibe ‚Entenarsch‘ in den Sand und sehe zu, wie der Name im Meer verschwindet." (S. 220)	Das Motiv dieses Spitzna-mens ist mit Lena verknüpft und schafft zugleich eine Verbindung zwischen ihr und dem Spitznamengeber Jo (Zitate S. 29, 56, 189). In Bezug auf Lena bezeichnet der Spitzname ihr gerin-ges Ansehen innerhalb der Gruppe (Zitate S. 10 und 111), ihr Leiden an dieser Bezeichnung (Zitate S. 111 und 177) und der damit zugewiesenen Rolle der „im Abseits"-Stehenden. Das Zitat S. 115 repräsentiert ein erwachendes Bewusstsein bezüglich dieser Rollenzuwei-sung, die Lena schließlich verweigert (Zitate S. 218 und 219): Am Strand lässt sie den Spitznamen endgültig im Meer verschwinden (S. 220).

| Aussichts-turm/ Turm (Auswahl) | „Ich baue uns einen ... Da direkt an die Mauer. Einen Aus-sichtsturm', ruft er uns zu." (S. 13) | „‚Ich baue euch einen Aussichts-turm ... da klackern euch die Hufe', sagt unser Pavel." (S. 13); „Wenn ihr wieder da seid ... ich besorge heute Nacht das Holz ... dann steht der Turm. Und Leroy ... Leroy will mir helfen." (S. 28); „Das ist ... also, das wird der Aussichtsturm." (S. 110); „‚Der will den Aussichts-turm fertig machen', sagt unser Pavel." (S. 162); „Er reicht mir sein Smartphone. ‚Ist fast fertig, der Aussichtsturm', sagt er, ich sehe ein Foto von Leroy, der mit ausdruckslosem Gesicht vor einem aufgerichteten Holzpfosten steht." (S. 180); „Ich betrete den Hinterhof, es geht ganz leicht. Holzpalet-ten und Plastiksäcke. Und ein Aussichtsturm." (S. 221) | Literaturwissenschaftlich betrachtet ist der Turm u. a. das Symbol der Orientierung, so im Bereich der Technik oder des Sozialen. Im Roman repräsentiert das Symbol Turm die Möglichkeit eines orientierenden Blicks der jun-gen Menschen auf eine Welt außerhalb des Hinterhofs. Der Bau des Turms verläuft analog der Suche nach Jo: Am Ende ist der Turm fertig-gestellt, der Aufenthaltsort von Jo ist wieder bekannt und Lena hat die Phase ihrer großen Einsamkeit und Orientierungslosigkeit überwunden. |
| Weit-schauen | „‚Zum Weit-gucken. Man muss doch mal weit gu-cken ... das braucht man doch mal, oder nicht?', antwortet unser Pavel, und seine Augen wer-den noch größer, als sie hinter den Bril-lengläsern ohnehin schon sind." (S. 13) | „Links und rechts von der Straße sind Felder, und ich denke, dass das unserem Pavel gefallen müsste, weil man so weit gucken kann." (S. 43); „Dann können wir bald richtig weit gucken', sage ich, und unser Pavel schiebt seine verrutschte Brille zurück auf die Nasenwurzel." (S. 180); „Ich klettere auf die Plattform und höre die Stimme von unserem Pavel. ‚Man muss doch mal weit gucken ... das braucht man doch mal.'" (S. 221) | Das Motiv des Weitschau-ens ist an die Figur Pavel gebunden. Das Weitschauen erlaubt einen orientierenden Überblick, weshalb es hier als eine Art „Submotiv" zum Motiv Turm interpretiert werden kann. |

3.6 Stil und Sprache

| Soli-darität | „‚Wir sind auch Aushilfen beim Penny-Markt', sagt Can betont langsam. ‚In einer Stadt jenseits von Oer-Erkenschwick. Und wir brauchen heute einen Platz zum Pennen. Du verstehst, das Wort mit S, Solidarität, die würden wir uns jetzt wünschen. Und zwar von dir. Solidarität.'" (S. 46) | „Deshalb ist Can mitgekommen, weil er nicht will, dass ich alleine bin, falls – und deshalb bin ich so ungeduldig. Weil ich Angst habe, dass uns die Zeit davonrennt." (S. 55); „‚Ich kann hundert fahren', sage ich, weil ich Marie so gerne helfen möchte und es das Einzige ist, das mir in den Sinn kommt, das Einzige, das ich für sie tun kann. ‚Ich kann hundert fahren. Das schaffe ich bestimmt.'" (S. 55); „Ich habe meinen Eltern erzählt, dass Jo ein Praktikum in Fulda macht. […] Sie haben nicht weiter nachgefragt, und er konnte bei uns pennen. Nach zwei Wochen ist er wieder abgehauen.'" (S. 100); „‚Kindersitz?' Als ob er das Stichwort beim ersten Mal nicht gehört hätte, kommt Leroys kleiner Bruder Marvin um die Ecke gerannt. Unter seinem Arm klemmt ein Kindersitz. Er bleibt vor Can stehen und streckt ihm den Kindersitz entgegen." (S. 125); „‚Aber auf einer Massenanstaltung ein Messer zu ziehen, das ist schon ziemlich bescheuert', sage ich. ‚Die haben Can scheiße angemacht', schnauzt Marvin jetzt mit zusammengezogenen Augenbrauen. ‚Und wir sind doch Kumpel, oder?'" (S. 174); „‚Ich habe was für den Auftritt bekommen', mischt sich Otto nun ein, ‚bis nach Ulm sollten wir damit kommen, es gibt bestimmt irgendwelche Gruppentickets.'" (S. 193); „‚Und ihr habt mich alle gesucht', sagt Jo irgendwann in die Stille hinein. ‚Sogar Yasmin und Marvin, und die kennen dich noch nicht einmal.'" (S. 219); „‚Denk nur daran, die wären bis ans Mittelmeer für dich gefahren', sage ich." (S. 220) | Das Motiv der Solidarität ist an verschiedene Romanfiguren gebunden. So an Can, der mit einem Appell an die Solidarität eine Übernachtungsmöglichkeit in Münster organisiert (Zitat S. 46). Außerdem möchte er Marie beistehen, falls Jo etwas zugestoßen sein sollte (Zitat S. 55). Die schlechte Autofahrerin Lena würde aus Solidarität für Marie schneller fahren als sie eigentlich möchte (Zitat S. 55) und Urs Behrenberg aus Fulda verschafft Jo Obdach bei seinen Eltern (Zitat S. 100). Otto bietet an, mit seiner Gage ein Gruppenticket zu finanzieren (Zitat S. 193), damit die Suche nach Jo fortgesetzt werden kann. Der gewalttätige Marvin organisiert einen Kindersitz für Fine (Zitat S. 125) und würde mit einem Messer auf denjenigen losgehen, der Can schlecht behandelt (Zitat S. 174). Durch die Assoziation des Motivs Solidarität mit den verschiedenen Personen konstituiert sich ein soziales Geflecht, dass den gesamten Roman durchzieht. Die Zitate S. 219 und 220 sind wie ein Fazit dessen zu lesen. |

Stilmittel

Stilmittel	Definition	Textbeleg
Anapher	Wiederholung eines oder mehrerer Wörter zu Beginn aufeinanderfolgender Sätze oder Satzteile	„Mehr als ein grau betoniertes Quadrat und zwei Meter hohe Backsteinmauern. Mehr als Holzpaletten, die an der Mauer aufgestapelt sind, als Müllcontainer und Container für abgelaufene Lebensmittel. Mehr als Metallstühle, die Otto mitgebracht hat, damit nicht alle auf den Holzpaletten sitzen müssen. Mehr als der Grill, den Marvin aus einem der Schrebergärten geklaut hat." (S. 7)
Aposio-pese	Satzabbruch	„Marie, die ist doch wirklich –" (S. 32)
Ellipse	Fehlen von Satzgliedern, die für das Verständnis des Sinnzusammenhanges nicht wesentlich sind	„Wir waren doch nie irgendwo. Wir sind immer nur an die Nordsee." (S. 68) (Hier fehlt „gefahren")
Imperativ	Befehlsform	„Verzieh dich, Entenarsch." (S. 189)
Interjek-tion	Ausruf	„Nein. Ich fahre keine Auto-bahn!!!" (S. 33)
Ironie	Ersetzen des eigentlichen Ausdrucks durch dessen Gegenteil	„Den Lkws dabei zusehen, wie sie links an einem vorüber-ziehn', ruft Can vom Rücksitz gegen den Fahrtwind an. ‚So werden Abenteuergeschichten geschrieben.'" (S. 37)
Klimax	Steigernde Reihung in der Abfolge von Wörtern oder Wortgruppen	„[…] Wenn einer aus diesem Hinterhof rauskommt, aus dieser Stadt, aus diesem Leben, wenn einer was Großes wird, dann ist es unser Pavel." (S. 13) (Steigerung Hinterhof-Stadt-Leben)

3.6 Stil und Sprache

Stilmittel	Definition	Textbeleg
Metapher	Ersetzen des eigentlichen Wortes durch einen bildhaften Ausdruck aus einer anderen Begriffswelt	„Entenarsch mit der Nummer 0 steht wiederholt im Abseits. (S. 111) (Gemeint ist das Gefühl des Ausgeschlossenseins der Ich-Erzählerin).
Repetitio	Mehrmaliges Nennen des gleichen Wortes	„Mann, Mann, Mann." (S. 16)
Vergleich	Gedankenfigur durch Nebeneinanderstellung zweier Wortinhalte mit dem Vergleichswort „wie"	„Pink Passion. Duftet original wie Blumenwiese." (S. 146)
Wortspiel	Spielerischer Umgang mit Wörtern und ihrem Sinn	„‚Da ist gar nichts drauf', sage ich und deute mit einem Kopfnicken auf ihr Shirt. ‚Auf den Pommes?', fragt Vika entrüstet, ‚ich wollte Mayo!' ‚Auf deinem T-Shirt.'" (S. 175)

3.7 Interpretationsansätze

Zusammenfassung

In diesem Kapitel werden folgende Interpretationsansätze vorgestellt:

- *Nach vorn, nach Süden* als Entwicklungsroman
- *Nach vorn, nach Süden* als Porträt einer sozialen Schicht

Nach vorn, nach Süden als Entwicklungsroman

Nach vorn, nach Süden ist ein **Roman über das Erwachsenwerden** („Coming-of-Age"-Roman). Erwachsenwerden ist ein Entwicklungsprozess, daher kann *Nach vorn, nach Süden* als Entwicklungsroman interpretiert werden. Moderne Beispiele von Entwicklungsromanen sind u. a. J. D. Salingers *Fänger im Roggen* (Original: *Catcher in the Rye*, 1951), *Crazy* von Benjamin Lebert (1999) oder *Tschick* von Wolfgang Herrndorf (2010).

Das Konzept des Entwicklungsromans ist eng verwandt mit dem des Bildungsromans. **Der deutsche Bildungsroman** entwickelte sich im ausgehenden 18. Jahrhundert und thematisiert die „Bildungs- und Entwicklungsgeschichte eines Menschen (d. h. meist eines Mannes) in der Auseinandersetzung mit der Welt."[39] Klassische deutsche Bildungsromane sind *Geschichte des Agathon* von Christoph Martin Wieland (1766–1967), *Wilhelm Meisters Lehrjahre (1795/96)* von Johann Wolfgang von Goethe und *Heinrich von Ofterdingen* des Frühromantikers Novalis (1880). Erzählt wird in Ich- oder Er-Erzählform.

Ausgangspunkt einer Bildungsgeschichte ist ein **unvollkommener Zustand der Jugend** oder (naiven) Subjektivität, der sich als unvollkommen vor allem dann zeigt, wenn der Protagonist des Romans mit der Welt, der Gesellschaft, mit dem anderen Geschlecht und/oder mit einem Beruf in Beziehung tritt. Diese

Trailer zur Verfilmung von Herrndorfs *Tschick*

Bildungsroman

---

39 Meid, Volker: *Sachwörterbuch zur deutschen Literatur*. Stuttgart: Reclam, 1999, S. 72.

3.7 Interpretationsansätze

Konfrontation führt zu Krisen, deren Überwindung den Protagonisten reifen lassen, was zu einer harmonischen Beziehung von Individuum und Gesellschaft bzw. Welt führt. Diese Dreiphasigkeit **Unreife – Krise – Bewältigung/Bildung** ist typisch für den Bildungsroman.

Entwicklungs-roman

Im Unterschied zum Bildungsroman ist beim **Entwicklungsroman** der zielorientierte Prozess zunehmender Bildung, Harmonisierung und Integration nicht zwingend vorgegeben, wohl aber wird an der Darstellung der Entwicklung einer zentralen Figur festgehalten. Im Gegensatz zum Bildungsroman kann der Protagonist eines Entwicklungsromans, vor allem in den Romanen der Moderne, scheitern, d.h. dass eine gesellschaftliche Integration missglückt.

Lena: Geringes Selbstwertgefühl

Das **Konzept des modernen Entwicklungsromans** kann auf *Nach vorn, nach Süden* angewendet werden. Die zentrale Figur des Romans ist Lena. Zu Beginn der Handlung ist sie ein Mensch mit geringem Selbstwertgefühl und Selbstvertrauen, so weiß sie nicht, wann sie zuletzt stolz auf sich gewesen ist (vgl. S. 44). Selbst ihr Lehramtsstudium ist für sie eine Last (S. 132). Der Spitzname „Entenarsch", den ihr Jo verpasst hat (S. 56), drückt das aus, was sie von sich hält. Darüber ist sie so verbittert, dass sie sich gnadenlos an Jo rächt (S. 189) und dabei auch Marie verletzt.

Wäre sie selbstbewusst, hätte Lena sich diese Bezeichnung von Jo und dann auch von der Gruppe verbeten. Stattdessen lässt sie sich weiterhin so nennen, leidet darunter und trägt, weil sie einen körperlichen Makel vermutet, nur noch lange T-Shirts (S. 62), die ihr Hinterteil verdecken. Dabei hat Lena eigentlich im direkten Vergleich alle Vorteile auf ihrer Seite: Sie ist Studentin, hat ein gutes und finanziell abgesichertes Elterhaus im Hintergrund und besitzt sowohl einen Führerschein als auch ein Auto. Dennoch kann sie dem rüden Jo, der vor langem von seiner Mutter und vor kurzem von Marie verlassen wurde und bei seinem arbeitslosen und verlorenen Vater lebt, nichts entgegensetzen. Der Name

„Entenarsch" setzt sich auch noch in der Hinterhof-Clique fest, zu der Lena gerne anerkannt dazugehören möchte (S. 187).

> „Ich stehe hier in der Einfahrt und merke, dass das nicht reicht. Auch nicht, wenn ich wie die anderen ein Lady-Gaga-Shirt trage. Wir spielen nicht im gleichen Team. Noch nicht mal in der gleichen Liga. Vielleicht ist es gar nicht die gleiche Sportart." (S. 111)

Die beiden Roadtrips setzen bei Lena einen **Entwicklungsprozess** in Gang, nach deren Ende sie nicht mehr dieselbe ist. Sie entwickelt Selbstvertrauen und Selbstbewusstsein, sodass sie in der Lage ist, eigene Entscheidungen zu treffen, mögen sie auch unbequem sein.

Nach der ersten Reise fühlt sich Lena nach wie vor ausgeschlossen (S. 111) und kommt zu einer für sie wichtigen Erkenntnis:

Unbeschwertheit

> „Wo man steht, wird einem erst deutlich, wenn man weg ge-
> wesen ist, wenn man mal woanders gestanden hat." (S. 111)

Zu dem Wunsch nach einem **Standortwechsel** hat sicherlich die Fete bei Bjarne in Fulda beigetragen, auf der Lena endlich einmal vollkommen ausgelassen und albern sein konnte, was sie in vollen Zügen genossen hat (vgl. S. 105–107). Dort, wo sie nun wieder steht, im Abseits des Hinterhofs, will sie nicht bleiben, weshalb sie schon den ersten Entschluss fällt, **ihr Studium abzubrechen** (S. 116).

Auf der zweiten Reise macht Lena Erfahrungen, die sie nach-
haltig verändern. Eine gewisse Rolle spielt dabei das Musikfesti-
val, bei dem sie ein ihr bisher unbekanntes **Lebensgefühl** ent-
deckt. Schon der Anblick des Zeltplatzes mit seiner Lebendigkeit wirkt außerordentlich anregend auf sie:

> „Und der Zeltplatz, der flimmert und leuchtet. Es werden Zelte aufgebaut, grün, blau, türkis, orange, gelb, alle Farben und Formen, und die Menschen, die sind nicht so bunt wie ihre Zelte, aber sie sind jung, es ist Sommer, und wir sind jung, lautes Lachen, Rufe hin und her, Musik aus allen Richtungen, und überall die Hoffnung, dass etwas Großes passieren wird." (S. 147)

Neues Lebens-gefühl

Eine Lena inspirierende Erfahrung ist das wilde **Tanzen** (S. 159), wobei sich die in einem auf Sicherheit bedachten Elternhaus aufgewachsene junge Frau (S. 90) ganz neu erleben kann. Die Schlüsselsituation schließlich ist jene, in der Can, in den sie sich verliebt hat, sie mit ihrem **Mangel an Selbstwertgefühl** konfrontiert:

> „‚Vielleicht solltest du langsam mal kapieren, dass du gar nicht so kacke bist, wie du denkst.' Can kämpft sich auf die Beine und schwankt davon." (S. 170)

Selbstbewusste und mutige Entscheidungen

Dies in Kombination mit Vikas positivem Kommentar über ihren Körper (S. 177) und der **Freundschaft** zu Marie lassen Lena mutig werden: Sie erzählt Marie und auch der Gruppe von ihrer Racheaktion, womit sie einen erneuten Ausschluss aus der Gruppe, an deren Achtung ihr viel liegt, riskiert. Mehr noch, sie vertraut ihrer Intuition, Jo an der Nordsee finden zu können und fällt eine mutige Entscheidung:

> „Ich kann nicht über die Scherben steigen und so tun, als wäre nichts, einfach so mit den anderen nach Italien fahren, als ginge es nicht darum, Jo zu finden, mit den anderen in die falsche Richtung rennen, nur um dabei zu sein, wenn alle in die falsche Richtung rennen, dann ist das ja schon oft genug schiefgegangen, und wenn man spürt, dass etwas falsch ist,

dann muss man aufhören, dabei zu sein, dann muss man einen anderen Weg gehen oder hüpfen oder springen oder watscheln, wonach einem gerade ist, und dann muss man auch aushalten, dass es weh tut. Er wird weh tun, und ich muss das aushalten." (S. 211)[40]

Damit gibt sie sich eine Richtung vor, wofür metaphorisch die Benutzung der **Autobahn mit Überholspuren** steht (S. 212). Lena ist sich dessen bewusst, dass sie sich verändert hat. Folgerichtig und mit neuer Entschiedenheit verbietet sie Jo, sie weiter „Entenarsch" zu nennen (S. 219). Es ist ein übler Spitzname aus vergangenen Zeiten. Diese Zeiten sind für sie endgültig vorbei, weshalb sie als symbolische Handlung den Spitznamen in den Sand schreibt und dann von den Wellen auslöschen lässt (S. 220).

> Nie mehr „Entenarsch"

Wie Lenas weiteres Leben verlaufen wird, bleibt offen. Klar ist, dass sie dadurch, dass sie Jo gefunden hat, noch mehr mit der Hinterhof-Clique zusammenrückt.

Nach vorn, nach Süden als Porträt einer sozialen Schicht

Weil Lena das Fahren auf der Autobahn verweigert, zockeln die jungen Leute auf Bundesstraßen durch die deutsche Provinz. In der erzählerischen Präsentation der beiden Roadtrips setzt Sarah Jäger Landschaftsbeschreibungen jedoch nur sehr spärlich ein. In der Regel erschöpfen sie sich in der Erwähnung von Wald und Feldern (S. 138).

Gleichwohl gelingt ihr eine eindrückliche Abbildung von Provinzialität und tiefer Abgeschiedenheit mit der Darstellung der Bushaltestelle im hessischen Nirgendwo, wo niemand aus dem Bus aussteigt und nur eine alte Dame einsteigt (S. 133). Die Städte Münster, Paderborn und Fulda werden nicht näher beschrieben, ihre Präsentation durch die Erzählerin erschöpft sich in Klischees

---

40 Dieses Zitat ist ein Beispiel für die literarische Technik des Bewusstseinstroms (engl. stream of consciousness).

3.7 Interpretationsansätze

Sobald das Wetter wärmer wird, zieht der Aasee in Münster junge Leute zum Feiern an.
© picture alliance / augenklick/firo Sportphoto/ Jürgen Fromme

wie der Darstellung Münsters als Fahrradstadt (S. 52), der Erwähnung des Dreihasenfensters im Dom zu Paderborn (S. 77) oder des barocken Doms in Fulda (S. 76). Der Grund für diese Zurückhaltung liegt darin, dass Jäger **keinen Reiseroman schreiben**, sondern Jugendliche verschiedener Schichten **porträtieren** wollte.

Eine soziale Schicht erschließt sich aus den Kriterien **Berufszugehörigkeit, Einkommen und Bildungsgrad**. Jos Vater wurde vor vielen Jahren arbeitslos, die Familie zerbrach: Jos Mutter verließ die Familie, als Jo 12 Jahre alt war. In ihren Augen war ihr Sohn zu diesem Zeitpunkt „kein Kind mehr" und hätte Verständnis für ihre Flucht aufbringen sollen, durch ihren langen Abschiedsbrief und die folgenden Briefe. Frau Weuner ist sich nicht einmal sicher, ob Jo diese Briefe gelesen hat.

Psychische Folgen

Jo wollte keinen Kontakt mehr mit seiner Mutter und schickte ihr lediglich wütende Elfchen. Die Briefe enden, als Jo mit Marie zusammenkommt, die ihm Hoffnung gibt. Doch die psychischen Folgen der zerrütteten Familie sind für den Jugendlichen ein zu großer Ballast: Mit einem Feuerzeug fügt er sich Brandwunden zu, die verbundenen Hände zeugen davon. Im Text wird er als mürrisch und verletzend beschrieben: Seine Wut bekommt auch Lena zu spüren.

Als er auf Cans Party Marie hintergeht, **zerstört Jo seinen letzten Halt**. Vielleicht hätte Marie ihm verziehen, wenn Jo selbst den Fehltritt gebeichtet hätte, aber Lena kam ihm zuvor. Für Jo bleibt nur die Flucht aus dieser Sinnlosigkeit. Er kappt alle Verbindungen und macht sich auf die Suche. Die Folgen all dessen sind gravierend, so findet Lena Jo an der Nordsee in einem psychisch instabilen Zustand vor. Zeigte Jos Vater eine räumliche Orientierungslosigkeit (S. 72), ist die Orientierungslosigkeit Jos seelischer Natur:

> „,Ich habe gedacht, vielleicht finde ich hier irgendwas', Jo schaut auf das verschwundene Meer […], ,das ich vergessen hab.'
> ,Und?'
> ,Nein, nichts.'" (S. 217)

Dieser Zustand ist Jo bewusst, doch er kann sich nicht helfen und es ist niemand da, der ihm helfen könnte.

Leroy und sein Bruder Marvin stammen wie Jo vermutlich aus schwierigen Familien-Verhältnissen, wobei die Grenzen zum kriminellen Milieu verschwimmen, wenn Leroy häufig noch „so eine Sache machen" (S. 28) muss. Leroy hält sich an keine Regeln als Aushilfe im Penny-Markt und Lena fürchtet seine baldige Entlassung, da er auch Würstchen im eigenen Penny-Markt ganz offen mitgehen lässt. Nachdem es auch noch einen Halbbruder gibt, von dem sich Marvin einen Kindersitz ausborgt – natürlich ohne um Erlaubnis zu fragen – liegt hier mit Sicherheit ebenfalls wie bei Jo eine Trennung der Eltern vor. Marvins

Kriminelles Milieu

3.7   Interpretationsansätze

Halbbruder hat seinen Führerschein verloren und scheint auch in seinem Leben nicht alles unter Kontrolle zu haben, und ist den Halbbrüdern daher sicherlich auch keine Stütze oder ein Vorbild.

Auch **Marie** stammt vermutlich aus einfachen Verhältnissen, ihre Mutter ist Reinigungskraft. Hatte die Mutter vorher die Großraumbüros der Firma geputzt, sind es nun die Büros der Führungskräfte, was für die Mutter ein sozialer Aufstieg ist:

> „Vor einigen Monaten hat Marie einen Streuselkuchen mitgebracht. ‚Von meiner Mutter‘, hat sie gesagt und den Kuchen auf die Holzpaletten gestellt. ‚Sie arbeitet jetzt in der Chefetage.‘“ (S. 108)

Marie hat nun ihren Realschulabschluss in der Tasche und weiß nicht so recht, wie es bei ihr weitergehen soll. Sie hat sich um eine Ausbildung beim Penny-Markt beworben, ist mit dieser Aussicht aber nicht glücklich: „Mein Leben […] ist eine Sackgasse.“ (S. 187)

Sarah Jäger stellt die **Ambitionen und Lebensentwürfe** der jungen Menschen im metaphorischen Gebrauch verschiedener Straßentypen dar. Cans Leben soll keiner „Sackgasse“ (S. 40) gleichen oder einer „Einbahnstraße“ (S. 41). Für ihn sind das vorgezeichnete Lebenswege ohne jegliche Individualität. Lieber will er auf der „Überholspur“ fahren (S. 41), also ein rasantes und schnelles Leben führen. „Kreisverkehr“ (S. 41) als Metapher für Entscheidungsschwäche bzw. für eine gewisse Lebensunfähigkeit ist ebenfalls ein „No-Go“. Dahinter steht auch die **Sehnsucht, den Verhältnissen** zu entkommen.

Cans Eltern sind nach dem Verlust ihrer Selbstständigkeit **verschuldet** (vgl. S. 93) und wünschen sich, dass der älteste Sohn mit dem Abitur den höchsten Bildungsabschluss erreicht. Cans Einkommen als Aushilfe trägt zum Familienunterhalt bei, für eigene Bedürfnisse wie den Führerschein (S. 92) bleibt kein

Geld übrig. Can kommt sicherlich, ebenso wie Pavel, aus keinem komplett bildungsfernen Haushalt.

Pavel ist intelligent und interessiert und möchte das Fachabitur machen. Er weist Can auf kulturelle Besonderheiten wie das Dreihasenfenster in Paderborn hin, das Can dann auch zusammen mit Marie und Lena besucht. Zwar strebt auch Can das Abitur an, doch vermutlich nur auf **Wunsch seiner Eltern**. Bereits einmal ist er durch die Prüfungen gefallen, weshalb ihm der Ruf des Versagers anhängt, den er zwar wegzureden versucht, der ihm aber zu schaffen macht, wie seine Reaktion auf Lenas Einwurf zeigt:

> „‚Sag mal, Can, was kannst du eigentlich?‘, fragt Marvin und kann wieder grinsen.
> ‚In der Tat. Das fragen mich meine Eltern auch ständig. Aber immerhin mache ich nächstes Jahr Abi, im Gegensatz zu dir kleinen Flitzpiepe.‘
> ‚Im zweiten Anlauf‘, kann ich mir nicht verkneifen.
> ‚Ach, Entenarsch‘, seufzt Can und wiegt den Kopf hin und her. ‚Das war so klar. Immer den Finger in die Wunde legen.‘“
> (S. 19)

Einige der jungen Menschen im Hinterhof haben sicherlich nicht die besten **Startbedingungen im Leben** mitbekommen: Zerrüttete Familien und angespannte oder prekäre finanzielle Verhältnisse prägen ihr Leben. Was sie eint, ist ihr **Traum von einem besseren Leben** und ein **solidarisches Verhalten** untereinander, wofür der Hinterhof exemplarisch steht.

Lena stammt aus anderen gesellschaftlichen Verhältnissen als Jo, Leroy oder Marvin. Ihre Kindheit war in einer traditionellen Familie sehr behütet, sie hat das Abitur und einen bestandenen Führerschein in der Tasche und ein geschenktes Auto vor der Tür. Sie wohnt in ihrer eigenen Wohnung und hat keine existenziellen finanziellen Sorgen. Sie hat das, was einige andere im

Marginalien:

Mutter wünscht sich für Pavel Stelle beim Penny-Markt (S. 13)

Solidarität, um Träume zu verwirklichen

Die Hinterhof-Clique

- aus einfachen Verhält-
  nissen stammend
- geringer Bildungsgrad
- gesellschaftlicher
  Aufstieg problematisch
- Klassenbewusstsein,
  untereinander solidarisch
- Hinterhof als sicherer
  Rückzugsort

← möchte dazugehören

Lena

- aus bürgerlichem
  Elternhaus
- zunächst Studentin
- gesellschaftlicher
  Aufstieg möglich
- unsicher über
  ihren Platz im Leben

Hinterhof nicht haben: Bildung und ein finanziell abgesichertes, bürgerliches Elternhaus.

Freundschaft und Gemeinschaft

Doch glücklich und zufrieden ist sie mit dieser Situation nicht, denn in den Hinterhof kann sie zwar gehen, doch sie gehört nicht wirklich dazu. Sie fühlt sich im Hinterhof im Abseits, wozu sie durch ihre Art oft selbst beiträgt. Erst als sie sich solidarisch verhält, sich trotz ihrer Wut auf Jo an der Suche nach ihm beteiligt und ihr Auto und ihre Fahrkünste zur Verfügung stellt, kommt sie langsam in der Hinterhof-Gemeinschaft an. Aus oberflächlichen Arbeits-Begegnungen mit vorgefassten Meinungen werden **Freundschaften**, wie bei Marie und Vika. Klassenzugehörigkeit und familiäre Probleme spielen nur noch eine kleinere Rolle. Die Hinterhof-Gemeinschaft kann unter Umständen das auffangen, was in einzelnen Familien schiefläuft.

Zusammenfassung

Nach vorn, nach Süden wurde von der Kritik positiv aufgenommen. Gelobt wurden die Frische des Romans, sein Realismus, die Figurenzeichnung sowie die als authentisch beurteilte Figurensprache.

Martin Gaiser vom Literaturportal *literaturkritik.de* beurteilt *Nach vorn, nach Süden* als „außergewöhnlich lebendigen Roman".[41] Besonders beeindruckt hat ihn die Figurenzeichnung durch die Autorin:

> „Sarah Jäger gelingt etwas sehr Besonderes – indem sie die Interaktionen der einzelnen Gruppenmitglieder beschreibt, deren jeweilige individuelle Sprechweise, ihre Charaktere, entsteht bei der Lektüre sowohl ein intensives Bild der Gruppe, als auch eine klare Figurenzeichnung jedes Einzelnen. Und das völlig unangestrengt und sehr frisch."[42]

Gelungene Figurenzeichnung

Die Rezensentin von *jugenbuch-couch.de*, **Sabine Bongenberg**, bewertet den Roman als realistische Zeichnung jugendlichen Lebens:

> „*Nach vorn, nach Süden* hat das, was ein großer Road-Movie beinhaltet: Es ereignen sich keine großen, dramatischen Krisen, keine großen Wendepunkte. Aber es passieren viele kleine Wendungen, viele kleine Stopps und Weiterfahrten, die insgesamt zu einer großen Entwicklung und zu einem neuen Namen

Realistisch

---

41 https://literaturkritik.de/jaeger-nach-vorn-nach-sueden-wir-fahrn-fahrn-fahrn-auf-landstrasse-Sarah-jaegers-wunderbar-lebendiges-debuet-nach-vorn-nach-sueden,26766.htm

42 Ebd.

werden. Wie im richtigen Leben ist dann auch hier nicht alles lustig und es gibt [...] Sachen, die man richtig und die man falsch machen kann."[43]

Lob der
Solidarität

Die Rezensentin des Internetportals *Das graue Sofa* lobt neben dem erzählerischen Witz den pädagogischen Aspekt des Romans, der soziale Eigenschaften anspricht, die junge Menschen erwachsen werden lässt:

„Freundschaft und Solidarität sind das und Verantwortung, die die Figuren übernehmen, aus Sorge um den anderen und um einen eigenen großen Fehler wieder gut zu machen."[44]

Lebendiges
Erzählen

Siggi Seuß von *Litrix.de* betont die Frische des Romans: „Von professionellem Dünkel keine Spur. Umso mehr von freudiger Neugierde."[45] **Roswitha Budeus-Budde** vom renommierten Wochenblatt *Süddeutsche Zeitung* lobt Jägers Gestaltung der Dialoge, „die wie Pingpongbälle ein besonderes Frage- und- Antwortspiel inszenieren und den Rhythmus des Erzählens bestimmen"[46].

---

43 https://www.jugendbuch-couch.de/titel/2192-nach-vorn-nach-sueden/
44 https://dasgrauesofa.com/2020/04/11/beim-lesen-reisen-1-Sarah-jaeger-nach-vorn-nach-sueden/
45 https://www.litrix.de/de/buecher.cfm?publicationId=3408
46 https://www.sueddeutsche.de/kultur/jugendroman-rock-n-roll-unterwegs-1.4831650

Road Novels

„Road Novels" (oder Reiseromane) sind Darstellungen von fiktiven Reisen und Reiseerlebnissen mit metaphorischer Bedeutung.

Damit unterscheiden sie sich grundsätzlich vom **Reisebericht**, dem reale Reisen zugrunde liegen. Ein klassisches Beispiel für einen Reisebericht sind die *Reisebilder* (1826–1831) von Heinrich Heine, in denen er über seine Reisen u. a. durch den deutschen Harz und Italien berichtet.

Eine der berühmtesten **Road Novels** ist *On the Road* (1957, dt. *Unterwegs)* des Amerikaners Jack Kerouac. Die Protagonisten dieses Romans reisen durch die USA und Mexiko, wobei sie sich den Frauen, Rauschmitteln und dem Jazz widmen. Die schon erwähnten Romane *Paradiso* (2009) von Thomas Klupp und *Tschick* (2010) von Wolfgang Herrndorf sind neuere Beispiele für deutschsprachige Road Novels.

Eine Road Novel ist also ein **fiktionaler Text**. Gleichwohl sind reale Orte oder Regionen Schauplätze der Handlung. Die Reise selbst ist zu verstehen als Metapher für die Suche des Protagonisten nach Freiheit und Identität. Dies rückt den Reiseroman in die Nähe des Bildungsromans.[47]

Real existierende Orte und ein fiktional-metaphorisches Geschehen gibt es auch in *Nach vorn, nach Süden*. Lena, Marie und Can und später auch Vika und ihre kleine Tochter Fine reisen im Sommer durch die deutsche Provinz, wobei sie die Städte Oer-Erkenschwick, Münster, Fulda und Ulm besuchen. Diese Orte und Regionen sind real. Fiktion sind z. B. die Begegnungen mit diversen Menschen, so mit der Bäckereiverkäuferin Inga (S. 81)

Reiseroman/ Reisebericht

Trailer zur Verfilmung von *On the Road*

Reise als Metapher

---

47 Dazu siehe Kapitel 3.7, Interpretationsansatz *Nach vorn, nach Süden* als Bildungsroman.

oder der alten Dame an der Bushaltestelle nahe Bad Laasphe
(S. 131). Die Reise selbst ist der Weg Lenas zu sich selbst.

Ein für eine Road Novel zentraler Aspekt ist der der **Freiheit**.
Dieser findet sich auch in *Nach vorn, nach Süden*. Für Can beispielsweise bedeutet Freiheit, mal eben einen Abstecher nach
Oer-Erkenschwick machen zu können, weil er den Namen so
witzig findet:

> „‚Auf die Straße gucken‘, ruft Marie, ‚und Oer-Erkenschwick?
> Ihr spinnt doch.‘
> ‚Nur mal kurz den Erlenweg anschauen. Wir fahren doch eh
> dran vorbei.‘
> ‚Can …‘
> ‚Das sind nur ein paar Minuten.‘ Can legt seinen Kopf an Maries
> Schulter." (S. 40)

Für Lena bedeutet Freiheit einerseits der Konsum von Zuckerwatte (S. 161) und eine ihr bisher unbekannte Ausgelassenheit,
so bei Bjarnes wilder Fete (S. 107). Auf übergeordneter Ebene
aber, und das ist hier entscheidend, bedeutet Freiheit für Lena
die Absage an ein Leben, dass sie bisher mit ihrem Einverständ-
nis, aber letztlich gegen ihren Willen geführt hat, wozu auch ihr
Studium gehört, wie sie Vika offenbart:

> „‚Das Problem ist, ich weiß überhaupt nicht, wofür ich das
> eigentlich mache. Ich bin neunzehn. Da will ich doch keine
> Lehrerin werden. Verstehst du?‘" (S. 132)

Freiheit ist für sie mit Selbstbestimmung verknüpft, sei es der
Entschluss zum Studienabbruch nach der ersten Reise (S. 116)
oder die Entscheidung, allein an die Nordsee zu fahren:

„Als alle verschwunden sind, setze ich mich auf den Fahrersitz und trommele auf das Lenkrad. Ich kann nicht über die Scherben steigen und so tun, als wäre nichts, einfach so mit den anderen nach Italien fahren, als ginge es nicht darum, Jo zu finden, mit den anderen in die falsche Richtung rennen, nur um dabei zu sein, wenn alle in die falsche Richtung rennen, dann ist das ja schon oft schiefgegangen, und wenn man spürt, dass etwas falsch ist, dann muss man aufhören, dabei zu sein, dann muss man einen anderen Weg gehen oder hüpfen oder springen oder watscheln, wonach einem gerade ist, und dann muss man auch aushalten, dass es weh tut. Es wird weh tun, und ich muss das aushalten." (S. 211)

Dieser Freiheitsbegriff speist sich, auch das ist typisch für die Protagonisten einer Road Novel, aus einem tiefen Gefühl der **Sehnsucht und Verlorenheit**, das auch Lena quält. Sie leidet daran, dass sie in der Hinterhof-Gruppe nicht richtig akzeptiert wird und exemplarisch dafür steht ihr Spitzname „Entenarsch":

„Vika schaut zu mir rüber und hebt leicht die Augenbrauen. ‚Jawollo, Entenarsch', sagt sie. Im Hinterhof sucht man sich seinen Namen nicht aus. Entenarsch. So nennen sie mich." (S. 10)

Durch die Reisen wird Lena eine andere. Hatte sie zuvor ihren ungeliebten Spitznamen klaglos hingenommen und sich durch ihn definiert, setzt sie sich jetzt von ihm ab (vgl. S. 218) und trifft für sich eine Entscheidung: „Und wer sagt denn, dass ich für immer ein Entenarsch bleiben soll?" (S. 219) Als Ausdruck ihres neuen Selbstbewusstseins verbietet sie Jo, dem Erfinder ihres Spitznamens, sie weiterhin so zu nennen: „Ich sehe ihn an und sage ihm, dass er mich nie wieder Entenarsch nennen soll." (S. 219)

Ankommen

Während in anderen Road Novels – zum Beispiel in Klupps *Paradiso* oder auch in Bodo Kirchhoffs *Widerfahrnis* – klischeehaft leistungsstarke und/oder chromblitzende Fahrzeuge als Fortbewegungsmittel gewählt werden, fährt Lena in *Nach vorn, nach Süden* einen alten Opel Corsa (S. 33), der schließlich seinen Geist aufgibt. Auch in Herrndorfs *Tschick* sind die Protagonisten mit einem altersschwachen Lada unterwegs.

Die Zahl der Sternchen bezeichnet das Anforderungsniveau der jeweiligen Aufgabe.

Aufgabe 1   ***

Legen Sie anhand geeigneter Textzitate die Beziehung von Lena und Can zu ihren Eltern dar.

Mögliche Lösung in knapper Form:

Lenas und Cans Gemeinsamkeit ist ihre problematische Haltung den Eltern gegenüber: Sie spüren, dass sie deren Erwartungen nicht genügen können.

Von ihren Eltern wurde Lena unter der Maßgabe von Vorsorge und Sicherheit erzogen, ohne ihr die Möglichkeit zur Eigeninitiative zu geben:

„Aber ihre Vorstellung von Freiheit, die gibt es nur mit Sicherungsseil. Alles ist möglich, du kannst alles erreichen, aber bitte vorbereiten, vorsorgen und absichern. Hier sind die Schwimmflügel, und da sind die Stützräder. Und wenn du keine Stützräder mehr brauchst, dann setz den Fahrradhelm auf. Als meine Mutter in der Neunten mitbekommen hat, dass ich mit Robert gehe, hat sie mir sofort eine Packung Kondome gekauft." (S. 90)

Dieses pädagogische Konzept hat Lena geprägt und eine gewisse Lebensuntüchtigkeit bewirkt. Sie besitzt eine tief sitzende Angst vor einem Kontrollverlust: „Ich könnte ihr noch erklären, warum das mit der Autobahnauffahrt nicht geht. Rückspiegel, Seitenspiegel, vorne, hinten, Seite, Schulterblick, Geschwindigkeit, alles muss man unter Kontrolle haben und das habe ich doch nie." (S. 55–56)

Lena sieht, dass sie im Gegensatz zu ihren Eltern, ihr Leben nicht unter Kontrolle hat. Zudem ist sie nicht in der Lage, sich von ihren Eltern und deren Blickwinkel zu distanzieren. Kommt es bei der Suche nach Jo zu kritischen Situationen, muss Lena an ihre Eltern denken, wobei sie diese nicht als Inspiration wahrnimmt, sondern eher wie einen stummen Vorwurf: „‚Wie viel Geld haben wir überhaupt?', fragt Marie, und ich sehe meine Eltern vor mir, wie sie sich die Hände vors Gesicht legen und den Kopf schütteln. ‚Nein, Papa', müsste ich sagen, ‚es gibt keinen Finanzierungsplan und keine Kostenkalkulation, sieh es doch endlich ein, wir sind beschissen vorbereitet." (S. 79)

Betrachtet sich Lena mit den Augen ihrer Eltern, sieht sie sich als Versagerin. An deren Reaktion auf den Studienabbruch mag sie gar nicht denken (vgl. S. 118). Als Lena eine Plastik am Fuldaer Dom betrachtet, kommt ihr ihre Mutter als „Engel ohne Flügel" (S. 91) in den Sinn. Lenas Mutter fehlt es an Leichtigkeit und Beweglichkeit. Sie verharrt in Erdenschwere, was Lena wie folgt formuliert: „Meine Mutter, die mit einem Tuch um Busen und Hüften auf unserer Couch sitzt und sich irgendeine Trödelsendung reinzieht. Das wäre mal was. ‚Ich habe das nicht geplant. Es ist einfach so passiert', könnte sie sagen, und ich würde sie dafür lieben." (S. 91) Für Lena ist das schweigsame und stets kontrollierte Verhalten ihrer Mutter eine Herausforderung.

Auch Cans familiäre Situation ist schwierig, wie er Lena gegenüber formuliert: „‚Als mein Bruder gestorben ist, das war wie so ein Tornado, der einem Haus das Dach wegreißt. Ich hab versucht, ein Dach zu sein, aber es regnet durch, weil ich nun mal kein Dach bin. Ich bin eine Wand oder eine Tür, aber ich bin kein Dach. Für meine Geschwister bin ich der große Bruder. Doch ich werde nie der älteste Sohn sein. Ich bin wie dieser Typ, der einen Stein den Berg hochrollen will. Ich kann es nicht schaffen.'" (S. 96–97)

Wie bei Lena gibt es in Cans Familie keine Kommunikation, sondern nur ein Aufrücken in der Familienhierarchie, was für Can sehr belastend ist: „‚Das hält man nicht aus', sagt Can, und der Druck seiner Finger wird stärker. ‚Der älteste Sohn'." (S. 95) Vielleicht war für Can daher auch der Schuldruck zu groß und er hat aus diesem Grund das Abitur im ersten Anlauf nicht bestanden (vgl. S. 19).

Die hier dargestellten gemeinsamen familiären Probleme Lenas und Cans ermöglichen – nach einigen Schwierigkeiten – eine offene, hierarchielose Kommunikation zwischen ihnen, also etwas, was sie in ihren Familien nicht haben. Diese Kommunikation schafft Nähe und Verbundenheit und führt schließlich zu einer Beziehung zwischen ihnen, die über ein Sommerabenteuer hinausgehen könnte (vgl. S. 221).

Aufgabe 2

Zeigen Sie unter Zuhilfenahme geeigneter Textzitate Lenas Veränderungen während der Suche nach Jo.

Mögliche Lösung in knapper Form:

Lenas Haltung während der Suche nach Jo kann in drei Phasen eingeteilt werden: zunächst Abenteuerlust und Flucht vor der Einsamkeit, dann Erkenntnis und Einsicht sowie schließlich persönliches Engagement.

Zunächst muss jedoch die Frage gestellt werden, warum Lena sich an der Suche nach Jo überhaupt beteiligt, obwohl sie nicht mit ihm befreundet ist (S. 29). Ein Grund für Lenas Entscheidung ist ihre Angst vor Einsamkeit und Ausgrenzung. Folgendes Zitat verdeutlicht diese Haltung: „Und ich muss plötzlich an all die Kindergeburtstage denken, an immer wieder nach Jerusalem. Doch diesmal ist es anders. Wer sich zuerst auf den Liegestuhl setzt, der ist raus. Wer sich zuerst setzt, der hat verloren, der hat diesen Sommer für immer verloren." (S. 24)

Später, während der Suche, gesteht sie sich ein, dass sie Jo eigentlich gar nicht finden möchte. Denn dies würde bedeuten, dass ihr Traum von der Gemeinschaft sich auflöst: Zwischen ihr und der Hinterhof-Gruppe steht Jo, der sie verachtet und ihr ihren Spitznamen verpasst hat. Entsprechend erleichtert ist sie, als sich eine Aushilfe im Münsteraner Penny-Markt nicht wie befürchtet als Jo entpuppt (S. 46).

Ein weiterer Grund Lenas, sich als Fahrerin zur Verfügung zu stellen, ist ihr Wunsch nach einem „Sommer voller Abenteuer" (S. 33). Dabei harmonieren ihr Wunsch, der sich aus einem Klischee aus Leichtigkeit und Unbegrenztheit speist, und Wirklichkeit nicht miteinander: „Wir haben Zeit, einen ganzen Sommer lang, und wir sind erst zehn Minuten unterwegs. Aber die Aufbruchstimmung, tja, die Aufbruchstimmung könnte besser sein. Die Straße langrasen, die Fenster runterkurbeln, das Radio voll aufdrehen und den Song mitgrölen, irgendwie so was, so stellt man sich das doch vor." (S. 26) Dass die verhaltene Aufbruchstimmung mit ihren mangelnden Fahrkünsten zusammenhängt, weiß Lena. Doch sie will ihr Abenteuer haben: „Ich verstärke den Griff der rechten Hand um das Lenkrad und strecke die Hand aus dem Fenster, spüre den Fahrtwind, wie er gegen die Handfläche drückt, spreize die Finger und lasse den Wind hindurch. Warum auch nicht? Sollten Abenteuergeschichten nicht genau so geschrieben werden?" (S. 37–38)

Um Jo geht es ihr dabei nicht. Diese Haltung ändert sie im Verlauf des Geschehens. Eine wichtige Rolle spielt dabei der Austausch mit Marie, die ihr ihre Nöte und Ängste gesteht (vgl. S. 55). Dabei gelangt Lena zu einer Erkenntnis, die ihre Einstellung zur Suche nach Jo zu verändern beginnt: „So langsam begreife ich, dass es auf dieser Reise um viel mehr geht als um den Liegestuhl oder irgendwelche Abenteuer." (S. 55) Maries Kummer bedrückt sie, zumal sie nicht ganz unbeteiligt an dieser verfahrenen Situation ist (vgl. S. 29). Sie möchte Marie wirklich helfen, wobei sie ihre Möglichkeiten allerdings als begrenzt einschätzt: „‚Ich kann hundert fahren', sage ich, weil ich Marie so gern helfen möchte und es das Einzige ist, das mir in den Sinn kommt, das Einzige, das ich für sie tun kann. ‚Ich kann hundert fahren. Das schaffe ich bestimmt.'" (S. 55)

Zu Lenas erwachender Hilfsbereitschaft gesellt sich ihr schlechtes Gewissen (vgl. S. 87), was zu einer ambivalenten Haltung führt. Zwar möchte sie jetzt, dass Marie und Jo wieder vereint sind, allerdings soll Marie nicht erfahren, dass sie für Lenas Rache an Jo nur Mittel zum Zweck war. Deshalb kommt sie zu dem Schluss, dass Jo in ihrem eigenen Interesse nicht gefunden werden sollte (vgl. S. 101).

Im weiteren Verlauf der Handlung gibt Lena diese eigennützige Position auf, indem sie Marie ihre Rache an Jo und Maries Rolle dabei gesteht (vgl. S. 188–189). Sie gesteht ihren Betrug auch der Clique (S. 191), womit sie für Offenheit sorgt und sich zugleich Handlungsfreiheit verschafft, da sie sich nicht mehr selber schützen muss.

Es folgt die Phase von Lenas persönlichem Engagement, ausgelöst durch die Aufforderung Cans, jetzt nicht zu kneifen: „‚Du kannst nicht einfach über die Scherben steigen und so tun als wär nichts', sagt Can, als ich die Wohnmobiltür erreicht habe. ‚Und was soll ich tun?' Ich drehe mich um und sehe ihn an. ‚Ich kann es schließlich nicht ungeschehen machen.' ‚Du kannst Jo finden.'" (S. 192)

Jo zu finden wird jetzt Lenas Mission, so äußert sie sich Marie gegenüber beinahe beschwörend: „Als sie meinen Blick bemerkt, drückt Marie auf die Hometaste, und das Foto verschwindet. ‚Wir werden ihn finden', sage ich, ‚ob in Ulm oder anderswo.'" (S. 199) Selbstschutz, Abenteuerlust oder Angst vor Einsamkeit sind dabei keine Kriterien mehr, wie aus folgender Parataxe[48] hervorgeht: „Als alle verschwunden sind, setzte ich mich auf den Fahrersitz und trommle auf das Lenkrad. Ich kann nicht über die Scherben steigen und so tun, als wäre nichts, einfach so mit den anderen nach Italien fahren, als ginge es nicht darum, Jo zu finden, mit den anderen in die falsche Richtung rennen, nur um dabei zu sein, wenn alle in die falsche Richtung rennen, dann ist das ja schon oft genug schiefgegangen, und wenn man spürt, dass etwas falsch ist, dann muss man aufhören, dabei zu sein, dann muss man einen anderen Weg gehen oder hüpfen oder springen oder watscheln, wonach einem gerade ist, und dann muss man auch aushalten, dass es weh tut. Es wird weh tun, und ich muss das aushalten." (S. 211)

Aufgabe 3 ★★★

Skizzieren Sie anhand geeigneter Zitate die Rollen des Penny-Hinterhofs und der Wohnung Lenas in *Nach vorn, nach Süden*.

Mögliche Lösung in knapper Fassung:

Lenas Wohnung und der Penny-Hinterhof stehen für ein Lebensgefühl –, wobei Lenas Wohnung Ausdruck der Einsamkeit der Protagonistin ist. Lena hat ihren Platz in der Welt noch nicht gefunden. Dazu kommt ein ausgeprägtes

---

48 Parataxe: syntaktisch-hierarchielose Reihung von Satzgliedern. Gegenteil: Hypotaxe mit syntaktisch-hierarchischer Unterordnung von Satzgliedern.

Vermeidungsverhalten, das aus der Angst vor Enttäuschungen resultiert. Sie versucht nie, einen wartenden Bus zu erreichen: „Ich renne nie zu einem Bus, wenn die Strecke zur Bushaltestelle länger als sieben Meter ist. Selbst wenn der Bus die Türen noch geöffnet hat, ich renne nicht, ich tu lieber so, als ob ich ihn gar nicht bekommen möchte, als gehe er mich nichts an, dieser Bus. Zu groß die Entblößung, wenn ich renne und er mir vor der Nase davonfährt. Wenn ich gezeigt habe, wie sehr ich ihn erreichen möchte, und niemand den Fuß in die Tür hält. Zu schwer die Enttäuschung." (S. 98)

Mit anderen Worten: Lena vermeidet es, ihre Bedürfnisse zu erfüllen und rechnet nicht mit der Solidarität anderer. Dieses Verhalten dürfte aus entsprechenden Erfahrungen im Elternhaus resultieren, in dem nicht Bedürfniserfüllung[49] und Solidarität, sondern Sicherheit an erster Stelle steht. Dieses Sicherheitsbedürfnis erstreckt sich über mehrere Generationen. Auch bei der Wahl des Lebenspartners spielt es eine wichtige Rolle: „Mein Opa ist damals von Tür zu Tür gegangen, hat über Unglück, Unheil, Ungemach geredet und der einsamen Hausfrau Angebote für Hausrat- und Haftpflichtversicherungen auf den Tisch gelegt. Genauso hat er meine Oma kennengelernt. ‚Ach Mädchen‘, sagte sie immer, ‚was war ich nur für ein verunsichertes Menschenkind, bevor ich deinen Opa getroffen habe.‘" (S. 45)

Lenas Eltern sind beide bei einer Rentenversicherung angestellt (S. 27), von Bürointrigen einmal abgesehen sind dies sichere Positionen bzw. Arbeitsplätze. So wuchs Lena in einem schützenden Kokon auf und versäumte die Gestaltung eines Lebensentwurfs bzw. die Kreation einer eigenen Welt.

Spiegel dessen ist Lenas Wohnung, über die sie sich wie folgt äußert: „Den Sonntag überstehe ich, indem ich auf dem Sofa sitze und vor mich hin starre. Da ist nicht sonderlich viel, auf das ich starren kann. Beim Einzug habe ich gedacht, wenn ich ein Sofa in die Küche stelle, dann verwandelt sich der Raum in eine Wohnküche. Stimmt nicht. Es ist nur eine Küche mit Sofa. Liegt wahrscheinlich an den weißen Fliesen. Oder an der billigen Einbauküche mit hellbrauner Front vom Vormieter. Dass keine Gemütlichkeit

---

49 In Lenas Elternhaus werden Bedürfnisse in sinnvoll und sinnlos klassifiziert, so ist das Bedürfnis nach Zuckerwatte für Lenas Vater sinnlos. Also wurde es nicht erfüllt (vgl. S. 161).

SARAH JÄGER

aufkommt. Die man doch braucht in einer Wohnküche. An dem Sofa liegt es nicht. Das ist rot mit kleinen weißen Punkten. Auf dem sitze ich und starre auf den Backofen. Irgendwann stelle ich den Backofen auf 100 Grad, damit da wenigstens ein Licht ist, auf das ich starren kann." (S. 114)

Diese Trostlosigkeit ist nicht das Ergebnis der Wohnungseinrichtung, sondern falscher Erwartungen. Lena erwartet, dass bestimmte Möbelarrangements eine Wohnung wohnlich machen, wie eben die Kombination aus Küche und Sofa eine Wohnküche kreieren soll, was zu ihrer Verwunderung und Enttäuschung nicht geschieht. Die Erwartung, dass die unbelebten Dinge Behaglichkeit hervorbringen und so die gewünschte Realität schaffen, nicht die eigene Einstellung den Dingen gegenüber, zeugen von Lenas Passivität, von ihrer Unfähigkeit, ihre Wünsche und Erwartungen selbst zu erfüllen und so eine Realität zu kreieren. Sie wirkt in ihrer eigenen Wohnung wie eine Verlorene. Diese Verlorenheit ist eine Metapher dafür, dass sie sich in der Welt (noch) nicht eingerichtet hat.

Aus der Verlorenheit und Einsamkeit heraus zieht es sie in den Penny-Hinterhof und zu seinen Benutzern: „,Du hast ewig auf dem Hinterhof abgehangen, obwohl dich keiner so richtig mochte. Das habe ich nie verstanden.' Ist doch ziemlich simpel, denke ich, weil dazuzugehören unterm Strich weniger weh tut, als einsam zu sein, aber das kann ich nicht aussprechen, das kann ich nur denken." (S. 187) Der Penny-Hinterhof mit seinen Benutzern steht für das, was Lena auch für sich haben möchte: „Der Hinterhof vom Penny-Markt ist mehr als ein Hinterhof. Mehr als ein grau betoniertes Quadrat und zwei Meter hohe Backsteinmauern. Mehr als Holzpaletten, die an der Mauer aufgestapelt sind, als Müllcontainer für abgelaufene Lebensmittel. Mehr als Metallstühle, die Otto mitgebracht hat, damit nicht alle auf den Holzpaletten sitzen müssen. Mehr als der Grill, den Marvin aus einem der Schrebergärten geklaut hat." (S. 7) Und: „Pavel hat im letzten Herbst aus den Plastikhüllen, in die die Paletten eingeschweißt sind, ein Dach gebaut. Mit Plan, Geschick und Tacker. Jetzt kann uns nicht einmal mehr der Regen in unsere Schranken weisen." (S. 9)

Zwar sind die auf dem Hinterhof vorgenommenen baulichen Maßnahmen von einer gewissen Primitivität, doch sie zeugen von der Zugewandtheit, von der sozialen Haltung seiner Benutzer: Sie sind untereinander solidarisch, wie

die Organisation von Stühlen durch Otto zeigt. Genau das ist dieses „Mehr",
es erzeugt ein Gefühl von Heimat, was Lena für sich haben möchte. Und
obwohl es nur ein zugiger und grauer Hinterhof ist, ist es dort gemütlich und
man kommt zusammen, während in Lenas Küche ein gemütliches, fröhlich
gepunktetes farbiges Sofa steht, auf dem Lena nur alleine traurig in den
Backofen blickt.

Lernskizze 1: Zeitgeschichtlicher Hintergrund*

Zeitraum 2011–2019

↓

Angela Merkel ist Regierungschefin.

↓

Bildungspolitik: ungleiche Bildungschancen

↓

Folgen: schlechte schulische Leistungen fehlende Schulabschlüsse

↓

Vika	**Leroy/Marvin**	**Jo**
keine berufliche Perspektive	Kriminalität/Gewalt	erlernte Hilflosigkeit

---

* Siehe dazu auch Kapitel 3.7 Interpretationsansätze: *Nach vorn, nach Süden* als Porträt einer sozialen Schicht.

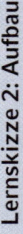

Lernskizze 2: Aufbau

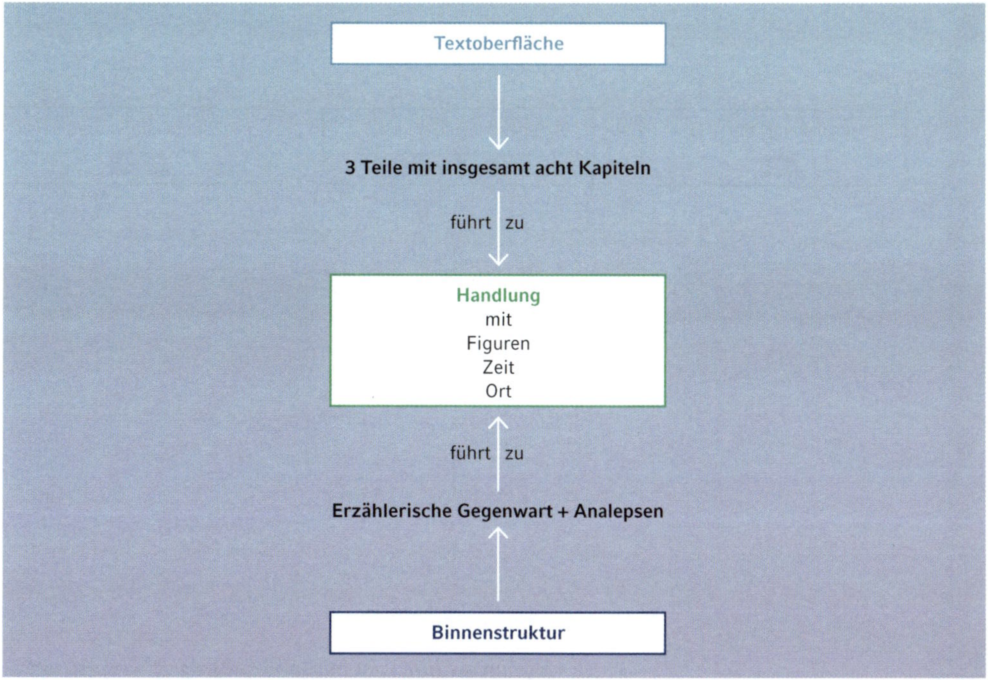

Textoberfläche

3 Teile mit insgesamt acht Kapiteln

führt zu

Handlung
mit
Figuren
Zeit
Ort

führt zu

Erzählerische Gegenwart + Analepsen

Binnenstruktur

Lernskizze 3: Das Verhältnis zwischen Lena und Jo

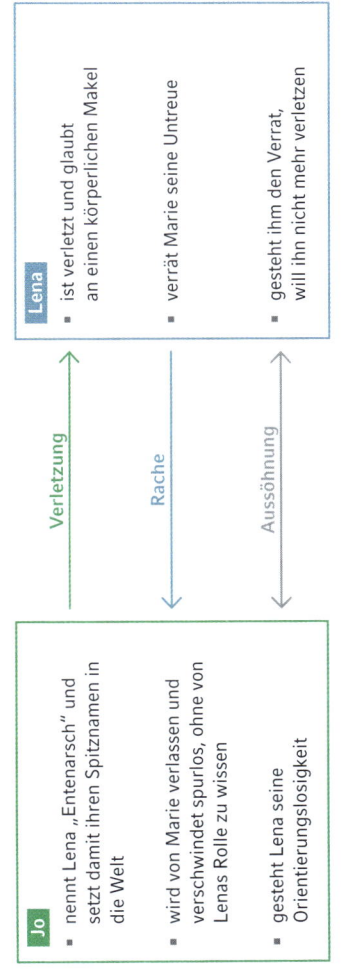

Jo

- nennt Lena „Entenarsch" und setzt damit ihren Spitznamen in die Welt

- wird von Marie verlassen und verschwindet spurlos, ohne von Lenas Rolle zu wissen

- gesteht Lena seine Orientierungslosigkeit

Verletzung

Rache

Aussöhnung

Lena

- ist verletzt und glaubt an einen körperlichen Makel

- verrät Marie seine Untreue

- gesteht ihm den Verrat, will ihn nicht mehr verletzen

Lernskizze 4: Die Lena charakterisierenden Motivketten „Autobahn" und „Entenarsch"

Charakterbild Lenas

zunächst ängstlich
und passiv

dann reflektiert
und mutig

Rollendurchbrechung
und Überwindung
von Ängsten

Autobahn
(repräsentativ)

→ Lena weigert sich, die Autobahn zu benutzen (S. 31).

→ Marie appelliert an Lena, auf die Autobahn zu fahren. Diese realisiert ihre beinahe schon phobische Angst. Sie ist ihr ausgeliefert (S. 31).

→ Beinahe panisch bittet Lena, nicht die Autobahn benutzen zu müssen (S. 31–32, S. 33).

→ Lena beschwört Can und Marie, dass sie sie auch ohne die Benutzung der Autobahn ans Ziel bringen wird (S. 36).

→ Lena konfrontiert sich mit ihrem Kontrollverlust (S. 55–56).

→ Lena überwindet ihre Angst und fährt auf die Autobahn (S. 212).

Entenarsch
(repräsentativ)

→ Vika nennt Lena „Entenarsch". Lena widerspricht nicht (S. 10).

→ Lena wird von Jo erstmals „Entenarsch" genannt. Sie widerspricht nicht (S. 56).

→ Lena wird nach der Rückkehr von der ersten Reise von Pavel mit ihrem Spitznamen begrüßt, was sie zutiefst frustriert (S. 111).

→ Lena reflektiert die Beziehung zwischen Ding und Bezeichnung und beginnt, ihren Spitznamen zu hinterfragen (S. 115).

→ Lena fragt Vika, warum sie „Entenarsch" genannt wird (S. 177).

→ Lena begehrt gegen den Spitznamen auf (S. 218).

→ Sie verbietet Jo, sie weiter „Entenarsch" zu nennen (S. 219).

→ Mit einer symbolischen Handlung weist sie den Spitznamen und die damit verbundenen Zuschreibungen der Vergangenheit zu (S. 220).

Lernskizze 5: Erzählsituation

Ich-Erzählsituation

1. Person Singular

Erzählerfigur = Handlungsfigur

Erzählendes Ich = Erlebendes Ich

Zeitliches Kontinuum

- Außensicht in Bezug auf Andere
- Innensicht in Bezug auf sich selbst

Nähe zur personalen Erzählsituation (Introspektion, Reflexion)

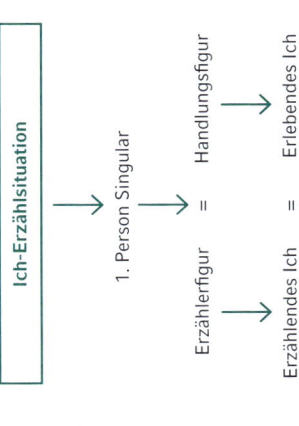

LITERATUR

Zitierte Ausgabe:

Jäger, Sarah: *Nach vorn, nach Süden*. Hamburg: Rowohlt, 2021.

Über die Autorin:

https://sarah-jaeger.de/
→ Homepage der Autorin

www.instagram.com/sarah_jaegerin
→ Instagram-Profil von Sarah Jäger

www.rowohlt.de/autor/Sarah-jaeger-23562
→ Rowohlt-Verlagsseite von Sarah Jäger

https://liton.nrw/person/jaeger-Sarah
→ Autorenporträt von Sarah Jäger

Haller, Karin: *Sarah Jäger: Die Nacht so groß wie wir*. In: Institut für Jugendliteratur Wien. https://www.jugendliteratur.at/buchtipps/ex-libris/die-nacht-so-gross-wie-wir → Rezension über *Die Nacht so groß wie wir*

Reich, Petra: *Sarah Jäger – Schnabeltier deluxe*. In: Literaturreich, 24.09.2022. https://literaturreich.de/2022/09/24/Sarah-jaeger-schnabeltier-deluxe/ → Rezension über *Schnabeltier Deluxe*

Schorneck, Frank: *Dann schreib doch vom Penny!* In: KULTUR-KINO-BILDUNG.de. https://www.kultur-kino-bildung.de/dann-schreib-doch-vom-penny/ → Literaturporträt über Sarah Jäger

Über den Roman *Nach vorn, nach Süden*:

Bongenberg, Sabine: *Die kleine Schwester von Tschick*. In: jugendbuch-couch.de, Mai 2020. https://www.jugendbuch-couch.de/titel/2192-nach-vorn-nach-sueden/

Budeus-Budde, Roswitha: *Rock'n'Roll unterwegs*. In: Süddeutsche Zeitung, 9.3.2020. https://www.sueddeutsche.de/kultur/jugendroman-rock-n-roll-unterwegs-1.4831650

Gaiser, Martin: *Wir fahr'n fahr'n fahr'n auf der Landstraße*. In: literaturkritik.de, 18.5.2020. https://literaturkritik.de/jaeger-nach-vorn-nach-sueden-wir-fahrn-fahrn-fahrn-auf-landstrasse-Sarah-jaegers-wunderbar-lebendiges-debuet-nach-vorn-nach-sueden,26766.html

Gieth, van Hans-Jürgen: *Literaturprojekt zu „Nach vorn, nach Süden".* Rowohlt Verlag. https://bilder-rowohlt.s3.eu-central-1.amazonaws.com/s3fs-public/2022-04/Unterrichtsmaterial_978-3-499-00586-2.pdf

Pütz, Claudia: *Beim Lesen reisen (1) – Sarah Jäger: Nach vorn, nach Süden.* In: Das graue Sofa, 11.04.2020. https://dasgrauesofa.com/2020/04/11/beim-lesen-reisen-1-Sarah-jaeger-nach-vorn-nach-sueden/

Seuß, Siggi: *Hinterm Horizont – ein ganz besonderes Roadmovie fürs Kopfkino.* In: Litrix.de. https://www.litrix.de/de/buecher.cfm?publicationId=3408

Übergreifende Darstellungen:

Anbuhl, Matthias; Klemm, Klaus: *Ein verlorenes Jahrzehnt*. In: Gewerkschaft Erziehung und Wissenschaft, 20.1.2020. https://www.gew.de/aktuelles/detailseite/ein-verlorenes-jahrzehnt
→ Resümee der Bildungspolitik unter der Regierung Merkel

Butzer, Günter; Jacob, Joachim: *Metzler-Lexikon literarischer Symbole*. Stuttgart: J.B. Metzler'sche Verlagsbuchhandlung, 2008.

Meid, Volker: *Sachwörterbuch zur deutschen Literatur*. Stuttgart: Reclam 1999.

Tewes, Uwe, Wildgrube Klaus: *Psychologie-Lexikon*. München, Wien: Oldenbourg, 1999, S. 110.

Videos und Filme:

Sarah Jäger – Kranichsteiner Jugendliteratur-Stipendiatin 2021.
https://www.youtube.com/watch?v=O0eAQOi4i2M → Sarah Jäger im Gespräch mit der Jurorin Christine Knödler

Trailer des Films *Tschick* (2016) nach einem Roman von Wolfgang Herrndorf https://www.youtube.com/watch?v= Ph5NOf-di18

Alle Verlinkungen im Buch Stand 6/2023

Eigene Notizen